Pourquoi et comment élever votre niveau vibratoire

Du même auteur:

Les Lunaisons
ISBN 978-1-4452-1019-3

La Synastrie
ISBN : 978-1-4452-0551-9

Les Révolutions Solaires
ISBN : 978-1-4457-9453-2

ISBN: 978285090-733-3

Charles Caron Belato

Pourquoi et comment élever votre

Niveau Vibratoire

Éditions Bussière

34 rue Saint-Jacques

75005 PARIS

LES ÂGES VIBRATOIRES DE L'HUMANITÉ

La nature humaine est ainsi faite qu'elle nous pousse à nous focaliser sur les problèmes du moment et sur les préoccupations qui nous affectent au quotidien. Cependant les problématiques auxquelles l'époque actuelle nous confronte sont si nombreuses que, souvent, elles occultent tous les autres sujets. Il en résulte que, focalisés sur les difficultés du moment, nous perdons de vue l'ensemble, ce qui est regrettable parce que le fait de prendre du recul, le fait de se positionner de manière à avoir une vue d'ensemble, procure un éclairage qui nous aide à mieux comprendre la situation présente et ses possibilités d'évolution.

Ainsi, l'époque actuelle est ce qu'elle est, mais il ne faut pas perdre de vue qu'elle s'inscrit dans un processus global d'évolution de l'humanité. On peut supposer que ce processus d'évolution est connu de toute éternité. La présentation des cycles de l'humanité la plus ancienne a été codifiée par la tradition hindoue dans le *Manu Samhita,* qui date du 2eme siècle avant notre ère. Ce texte retient l'attention parce qu'il expose le concept des Yugas.

Les yugas sont au nombre de quatre. Ils s'enchaînent successivement depuis le Satya yuga jusqu'au Kali yuga en passant par le Tetra Yuga et le Dvapara Yuga. Ces quatre yugas décrivent les âges de l'humanité. Pour être plus précis, l'humanité est soumise à des cycles d'évolution, appelés Daivas ascendants, et des cycles d'involution, les Daivas descendants. Un cycle commence par un Daiva descendant durant lequel s'enchaînent successivement le Satya yuga qui correspond à l'âge d'or de l'humanité, puis le Tetra Yuga, le Dvapara Yuga et enfin le Kali Yuga qui correspond à la période la plus sombre de l'humanité. Lorsque le point le plus bas a été atteint, un Daiva ascendant commence durant lequel les quatre âges vont se succéder : Kali Yuga, Dvapara Yuga, Tetra Yuga et Satya Yuga. Lorsque le nouvel âge d'or a atteint son point culminant, un nouveau cycle d'involution commence, et ainsi de suite ...

Pour amener une note complémentaire à ce sujet complexe, j'ajoute que l'histoire ne bégaie pas, il faut considérer que le mouvement réagit à un phénomène qu'il est possible de visualiser sous la forme d'une spirale, c'est-à-dire que le nouveau cycle s'inscrit un cran au-dessus ou un cran au-dessous par rapport au précédent selon que l'on se situe dans un cycle macroscopique d'évolution ou d'involution.

En marge de ce sujet, je précise que cette notion d'âges de l'humanité était mentionnée dès la Grèce antique et même en Perse sous le nom d'âges d'or, d'argent, de bronze et de fer.

Pour en revenir au système des yugas, on ne peut que déplorer que la méthode de calcul se soit perdue.

Dans l'introduction de son livre intitulé « *La science sacrée* », Sri Yukteswar explique comment, vers 700 avant Jésus Christ, personne n'eut le courage d'annoncer au peuple l'avènement du Kali Yuga.

Sri Yukteswar rapporte que, devant l'arrivée prochaine de cette période difficile pour l'humanité, le grand roi Yudhisthira laissa le trône à son petit-fils Parikshit et partit s'établir dans l'Himalaya avec tous les sages de sa cour. Avec ce départ, ce sont de nombreuses compétences qui quittèrent le royaume, en particulier plus personne ne fut capable de calculer les Yugas correctement. C'est ce qui explique que, pendant plusieurs siècles, autant la durée des Yugas que leurs dates de début et de fin étaient des plus fantaisistes et sans rapport avec la réalité du vécu des civilisations.

Sri Yukteswar a rétabli une part de cette connaissance en affirmant que le cycle des Yugas est lié au cycle de précession des équinoxes.

La précession des équinoxes

La Terre tourne autour du Soleil en suivant une orbite qui s'inscrit dans un plan appelé plan de l'écliptique. Sur ce plan évoluent également les planètes du système solaire. Ce plan sert également de support au cercle zodiacal.

Par ailleurs la Terre tourne sur elle-même autour de son axe, mais cet axe n'est pas perpendiculaire au plan de l'écliptique, il est incliné de 23° 26' par rapport à la verticale. C'est ce qui explique que, sur toutes ses représentations, la Terre est représentée penchée.

Ce positionnement terrestre a une conséquence : l'équateur terrestre et le plan de l'écliptique se coupent en deux endroits. Ces points sont appelés des nœuds qui déterminent le passage du mouvement apparent du Soleil d'un hémisphère à l'autre. Pour visualiser ce phénomène, il suffit de représenter la terre droite. Ainsi, lorsque l'on considère le mouvement apparent du soleil, on se rend compte que, de l'équinoxe d'automne à l'équinoxe de printemps, sa trajectoire se situe sous l'équateur terrestre et de l'équinoxe de printemps à l'équinoxe d'automne elle se situe au-dessus de l'équateur terrestre.

Lorsque le soleil passe de l'hémisphère sud à l'hémisphère nord, il transite le nœud ascendant. Ce nœud est appelé point vernal, ou point gamma ou encore point de l'équinoxe de printemps. À l'inverse, lorsque le mouvement apparent du soleil a pour effet de le faire passer de l'hémisphère nord vers l'hémisphère sud, il transite un point opposé au point vernal. Ce moment marque l'équinoxe d'automne.

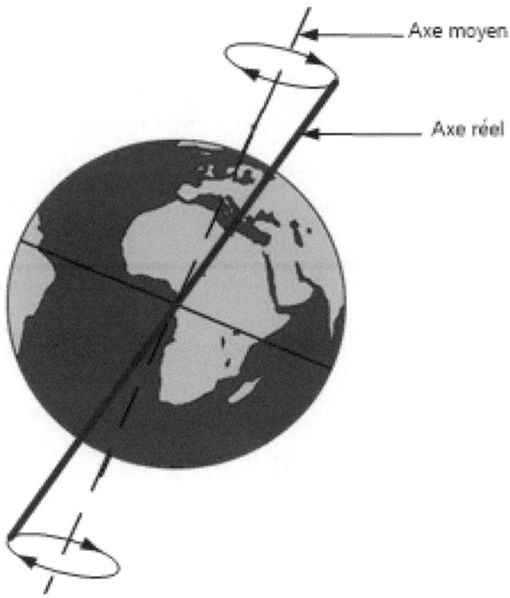

D'autre part, la terre subit l'effet de la mécanique céleste, elle est affectée par la masse du soleil et par celle de la lune. Sous leur influence la terre est animée d'un léger basculement qui la fait osciller autour de son centre. Ce basculement affecte son axe de rotation dont les extrémités décrivent un cône en tournant dans le sens horaire, c'est à dire rétrograde par rapport à la succession des signes zodiacaux.

Ce mouvement rétrograde entraîne avec lui les nœuds décrits ci-dessus, c'est-à-dire les points d'intersection de l'équateur terrestre avec le plan de l'écliptique. Ce phénomène est appelé précession des équinoxes.

C'est ainsi que le point vernal, dans son lent mouvement de rétrogradation dû à la précession des équinoxes, parcourt l'ensemble du zodiaque. Toute personne non coutumière du langage astrologique est légitime pour s'interroger sur la signification du terme « rétrogradation ». Les planètes parcourent le zodiaque dans le sens antihoraire tandis que le point vernal le parcourt dans le sens horaire, c'est à dire dans le sens inverse de celui des planètes. D'où le terme de rétrogradation.

Mais la précision que je souhaite souligner est donnée par Sri Yukteswar. Les yugas réagissent à la progression, sur le cercle zodiacal, du point opposé au point vernal. J'ajoute que, par contre, les ères astrologiques réagissent à la projection du point vernal sur ce même cercle.

Dans son lent mouvement de rétrogradation, le point vernal parcourt tout le zodiaque. C'est ainsi que, lorsqu'il pointe vers le degré zéro du signe de la Vierge, son point opposé pointe vers le degré zéro du Bélier, ce qui marque le début du cycle des Yugas. En d'autres termes, il s'agit du début du Daiva descendant, c'est le moment culminant d'un âge d'or sur Terre. Mais ce temps ne dure pas. Dans sa rotation rétrograde, ce point s'éloigne pendant environ 13 000 ans, générant un temps d'involution qui trouve son paroxysme avec l'âge du Kali Yuga. Les 13 000 ans qui suivent sont un temps d'évolution. Et le cycle recommence.

Ce phénomène est illustré par le diagramme ci-dessous proposé par Sri Yukteswar et adapté pour les besoins du présent document :

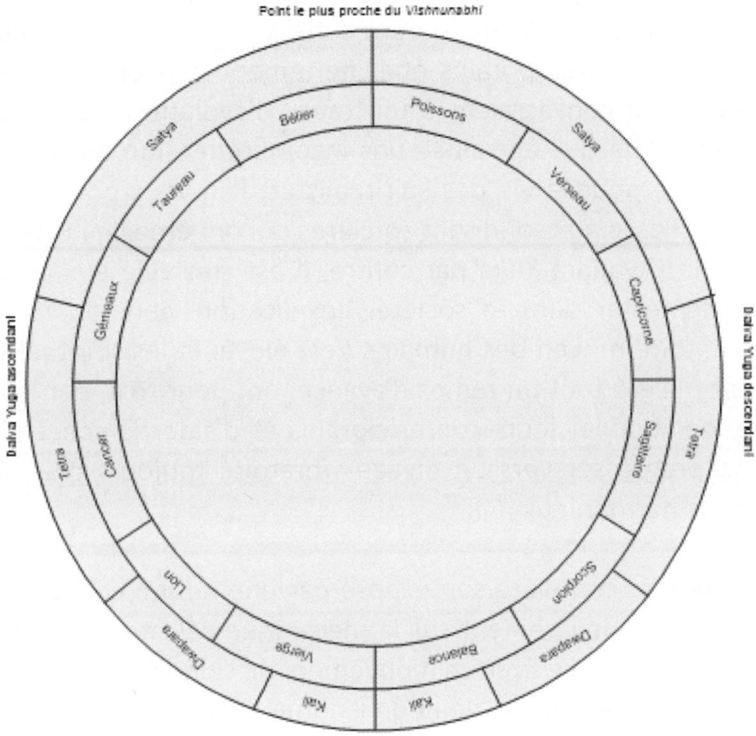

VERS PLUS DE LIBERTÉ

On remarque cependant que les calculs proposés par Sri Yukteswar relèvent plus de simples indications que de la volonté d'établir un calendrier réel. Afin de préciser la démarche, et dans la continuité de ses travaux, j'ai procédé à des calculs plus aboutis que j'ai explicités dans un livre à paraître en les complétant par un échéancier des yugas daté et précis. Par extrapolation, dans ce même livre, je communique le calendrier des ères astrologiques. En particulier, le résultat de l'étude à laquelle je me suis livré montre que nous sommes dans l'ère du Verseau depuis l'année 1963.

Ces recherches font apparaître que nous sommes au début d'un Daiva ascendant et que, depuis la période de la Renaissance, nous avons quitté le Kali Yuga pour entrer dans le Dwapara Yuga. À ce propos, j'avais indiqué que, durant le Kali Yuga, les spiritualistes étaient obligés de se terrer dans des grottes. La raison est que, durant cette période, le niveau vibratoire moyen de leurs contemporains était nettement plus bas que celui des personnes qui se consacraient à un travail d'évolution personnelle. Ce déphasage très marqué entraînait une incompréhension totale et laissait même craindre pour la vie des spiritualistes, j'en veux pour preuve les périodes de chasse aux soi-disant sorcières qui ont émaillé l'Histoire.

Durant le Dwapara Yuga par contre, il est conseillé aux chercheurs de vérité de rester dans la société. L'explication vient du fait que le niveau vibratoire moyen des humains s'est élevé. Et les spiritualistes qui conservent malgré tout un temps d'avance, ont pour rôle, par leur seule présence, de stimuler leurs contemporains et d'aider la collectivité des humains à progresser vers un niveau vibratoire toujours plus élevé et toujours plus harmonieux.

Sri Yukteswar complète son exposé par une notion complémentaire qui amène un éclaircissement sur la mécanique céleste. Il explique que notre galaxie se déplace avec un mouvement de spirale extrêmement lent (à l'échelle humaine) vers un point qu'il nomme Vishnunabhi. Ce point est considéré comme le centre de l'Univers. Sri Yukteswar le décrit comme le point extrême d'aboutissement de l'évolution de l'Univers. Je me permets d'établir une relation entre cette notion de Vishnunabhi et la notion de souffle de Brahma qui considère que l'Univers est en expansion pendant quelques millions d'années puis qu'il se rétracte pendant une durée égale avant de s'étendre à nouveau. Vishnunabhi est-il le point à partir duquel l'Univers commence son expansion et le point vers lequel il se rétracte ? Sri Yukteswar ne donne aucune information à ce sujet, mais il est permis de le supposer.

Pour en revenir à la période actuelle, tout porte à croire que, dans sa lente migration en forme de spirale qui la ramène vers Vishnunabhi, notre galaxie, et plus précisément notre système solaire, traverse une zone de l'Univers plus vibrante que la précédente. C'est ce qui expliquerait que le niveau vibratoire de notre planète s'accroît si rapidement.

En synthèse, il s'avère que durant la période actuelle nous expérimentons la concomitance d'un Daiva ascendant, du début du Dwapara Yuga, du début de l'ère du Verseau et, supposément, de l'arrivée de notre galaxie dans une zone vibrante de l'Univers. Cet ensemble d'éléments n'est pas sans conséquence. D'un point de vue objectif, les changements techniques, technologiques et informatiques ont considérablement affecté nos modes de vie depuis quelques décennies. Et, d'un point de vue plus intime, plus sensible, de nos jours, le nombre de personnes qui ressentent un malaise diffus lié à l'accélération du temps, à la perte de repères, au stress, etc. ... est de plus en plus important. Ces désagréments sont d'autant plus gênants que les changements sont très rapides et que nous n'avons pas forcément le temps de nous y adapter. Tout va tellement vite, qu'il est souvent difficile d'assimiler les nouveautés et d'intégrer toutes les nouvelles informations qui nous assaillent à tout moment.

Pourtant cette période de changements s'accompagne de possibilités nouvelles qui apparaissent en grand nombre et qui sont mises à notre disposition. Ces nouveautés sont si nombreuses et si performantes que je me permets d'avancer que depuis un siècle, l'humanité a développé plus de savoir et plus d'inventions que pendant les deux millénaires précédents.

Parmi toutes les nouveautés de la période actuelle, je retiens celles qui peuvent être mises au service de la réalisation des désirs. Dans un premier temps, j'exposerai toutes les informations qui permettent de comprendre **comment se manifeste la Création**. Puis je présenterai les possibilités qui désormais sont à notre portée afin de mieux comprendre la notion de **niveau vibratoire** et les moyens de l'augmenter. Pour finir, je propose un champ d'expérimentation qui a pour but d'utiliser ces possibilités pour agir sur la Création de façon à l'orienter selon nos intentions afin de **réaliser nos désirs**.

Comment se manifeste la Création

De nouvelles connaissances sont apparues, tout particulièrement à propos de la compréhension de l'Univers, je ne fais pas allusion uniquement à l'astronomie, mais à la compréhension de la Création. Notre connaissance des plans subtils progresse, que ce soit au niveau de l'Univers ou de l'individu. Dans son livre « *La doctrine secrète* », Helena Blavatsky met en évidence l'importance du chiffre sept dans la Création, mais je n'ai pas trouvé trace dans ses écrits d'une description de chacun des sept niveaux de la Création. Les détails que je donne à ce sujet dans le chapitre suivant me furent communiqués par mon instructeur. Cependant la modélisation de la Création sur une base septénaire est une approche comme une autre que je mets en regard de l'approche PEMS, Physique, Mental, Émotionnel, Spirituel, afin de donner une meilleure compréhension de l'Univers dans lequel nous évoluons. Et je terminerai ce chapitre en montrant comment nous pouvons interagir avec lui.

Le niveau vibratoire

De la même façon, la période actuelle a mis de nouvelles possibilités à notre disposition. Vers le milieu du vingtième siècle, Maharishi Mahesh Yogi a propagé sur la planète une technique de méditation qui s'est rapidement retrouvée au service d'un grand nombre d'individus. Dans son sillage d'autres techniques de méditation sont apparues, comme celle qu'enseignait Paramahansa Yogananda par exemple. La méditation devait correspondre à un besoin puisqu'elle s'est propagée très rapidement dans la population. On constate que, alors que durant des siècles cette technique était pratiquée par les seuls spiritualistes et par les religieux, désormais le commun des mortels y a accès et peut la mettre à profit dans le cadre de la vie trépidante à laquelle nous confronte notre société. Le recul de ces quelques décennies de pratique à grande échelle de la méditation a permis de prendre conscience de tous les bienfaits qu'elle génère. Outre le fait qu'elle permet l'épanouissement personnel, on constate qu'elle augmente le niveau vibratoire du méditant. Or un niveau vibratoire élevé représente un élément facilitateur en matière de réalisation des désirs.

La réalisation des désirs

Le troisième point que je souhaite mettre en exergue concerne l'augmentation de la liberté individuelle. D'une part, plus de connaissance amène plus de compréhension et, d'autre part, l'augmentation du niveau de conscience généré par la méditation apporte une meilleure capacité d'évolution. Or plus le niveau d'évolution est élevé, moins la soumission aux contingences est importante. En conséquence, l'association de la connaissance et de la liberté d'action, se présentent comme les deux piliers nécessaires pour créer la réalité que l'on souhaite. L'expérience montre en effet que plus le niveau vibratoire est élevé et plus il est aisé d'agir sur la Création pour l'infléchir dans la direction qui nous intéresse.

Toutefois, si la liberté d'action est accrue, elle n'est pas absolue. Des limites demeurent, c'est ce qui explique que nous ne sommes pas des créateurs, seulement des co-créateurs de nos vies. L'évolution générale s'accompagne de toujours plus de libre arbitre. Pendant l'ère du Kali Yuga, les humains ne pouvaient que formuler des requêtes à l'intention de l'Univers ou de Dieu et attendre en espérant qu'elles soient exaucées. De nos jours, et surtout depuis l'avènement de l'ère du Verseau en 1963, la donne a changé. Notre niveau vibratoire est suffisamment élevé, et notre libre arbitre suffisamment développé pour que nous puissions nous prendre en charge nous-mêmes. Ainsi, nous sommes de plus en plus libres de décider de notre destinée et nous avons les moyens de réaliser nos souhaits. Pour employer un mot à la mode, **nous sommes co-créateurs** de nos vies.

Le terme de « co-créateur » véhicule une nuance qui laisse sous-entendre que nous ne disposons pas d'une liberté absolue. Nous sommes malgré tout soumis à une part de conditionnement liée à notre karma, à notre thème astrologique, à notre capital génétique, etc. ... Mais nous disposons également d'une part de liberté qui s'accroît proportionnellement au développement de notre niveau d'évolution dont notre niveau vibratoire est une conséquence. La notion de niveau vibratoire constitue l'élément nouveau qui caractérise la période actuelle qui ne fait que commencer. Sans être devin, il est permis de considérer que, dans les temps à venir, le niveau vibratoire aura une influence de plus en plus importante sur les humains et sur la vie dans son ensemble.

Sans entrer dans des considérations plus vastes, l'objet du présent ouvrage est de montrer comment la notion de niveau vibratoire amène un élément d'efficacité considérable dans les problématiques liées à la réalisation des désirs, cette expression devant être considérée comme un euphémisme pour caractériser la prise en main par tout un chacun de son destin individuel.

Disposer de plus de liberté est un avantage appréciable, et il nous appartient de mettre à profit la chance que nous avons de vivre notre parcours terrestre en un temps où les conditionnements s'amenuisent peu à peu.

Mais la médaille a son revers.

Autrefois, il suffisait d'émettre une demande à l'Univers et d'attendre … et de pleurnicher en se plaignant de ne pas avoir été entendu si notre demande ne se réalisait pas. À présent, la première difficulté consiste à savoir ce que l'on veut. Il nous appartient d'être clairs avec nous-mêmes et avec nos intentions. Quand, enfin, notre désir est clairement défini, on peut effectuer notre demande à l'Univers. Mais le travail ne s'arrête pas là. D'un certain point de vue, il ne fait que commencer. Parce que durant l'étape suivante, un peu comme un projet qu'il faut piloter, nous devons prendre toutes les dispositions nécessaires pour que notre désir se manifeste. Cette phase consiste à garder notre attention sur ce projet, mais également à organiser notre vie pour que la matérialisation de notre demande trouve sa place dans notre environnement de vie.

Avant d'exposer les techniques qui permettent de prendre en main notre destinée, il convient de situer le contexte, c'est-à-dire de se pencher sur le processus de Création tel qu'il fonctionne au sein de l'Univers. La prise de connaissance de ce processus débouche sur la nécessité de comprendre les lois qui président à la notion de niveau vibratoire. En effet un niveau vibratoire élevé permet d'œuvrer de façon beaucoup plus efficace lorsque l'on souhaite influencer les lois de la Création.

Dans ce contexte, le présent ouvrage a vocation à délivrer des clés permettant à tout un chacun de prendre sa vie en main et d'ouvrir les portes de sa destinée personnelle en l'orientant sur un chemin d'évolution lumineux.

Une précision s'impose. Même si, dans cet ouvrage, j'ai explicité un certain nombre de principes, voire même exposé au grand jour des informations qui étaient jusqu'à présent demeurées confidentielles, même si je souligne des principes fondamentaux en les répétant plusieurs fois, je précise que le grand mystère de la Création ne peut pas être appréhendé dans sa totalité et encore moins être dévoilé. Je ne fais pas allusion à un secret ou à quelque concept occulte issu d'un vieux grimoire. Cette impossibilité est beaucoup plus basique. Il s'avère que le langage que nous utilisons est adapté à la description de ce que nous voyons ou ressentons sur le Plan de la Matière. Mais, dès que notre conscience migre vers des plans subtils, nos moyens d'expression, les mots, le langage ne permettent pas d'exprimer avec précision ce que nous avons perçu sur ces plans.

Par contre le contenu de ce livre explicite une approche efficace et une mise en œuvre constructive pour que tout un chacun puisse prendre les rênes de son destin individuel.

TENTATIVE DE MODÉLISATION

Le sujet est si épineux qu'il revêt un aspect ludique. Comment, nous, pauvres terriens coincés sur le plan de la matière, pouvons-nous modéliser une réalité subtile définie par un nombre probablement important de dimensions alors que nous avons déjà fort à faire avec les trois nôtres qui régissent notre plan d'existence ?

Pour prendre une image, l'exercice reviendrait à décrire une pièce que l'on ne pourrait observer que par le trou d'une serrure. Et même, pour peu que la pièce soit dotée de deux portes, la perception serait totalement différente selon que l'on observe la pièce depuis un trou de serrure ou depuis l'autre.

Ce constat me donne à penser que toutes les tentatives de modélisation de l'Univers sont justes et que toutes sont fausses. Toutes sont justes parce qu'elles reflètent une partie de la réalité, et toutes sont fausses parce qu'elles sont incomplètes.

Parmi toutes les tentatives de modélisation, trois ont retenu mon attention.

La première est universelle. Elle affirme que l'être existe sur trois plans à la fois. Le premier concerne la matière, bien sûr, et les deux autres sont les plans de l'âme et celui de l'esprit.

Marsile Ficin, en 1469, en commentant Platon, admet une troisième réalité entre l'âme et le corps : l'esprit (*spiritus*), véhicule de l'âme. Il a la substance d'une vapeur vitale. Il permet le transport céleste des âmes tel que Platon en parle dans le *Phèdre*.

Paracelse, à la base, distingue le corps élémentaire (organisme fait de chair et de sang, visible et périssable), le corps sidéral (« corps spirituel » invisible, mais périssable, fait de pensée et d'imagination, ayant son origine dans l'*astrum*, sorte d'Âme du monde, feu subtil), enfin le corps glorieux (esprit immortel, conforme au Saint-Esprit).

Cette approche « corps, âme, esprit » est probablement antérieure à Marsile Ficin et à Paracelse. Elle est généraliste et ne réclame aucun commentaire particulier.

Une autre modélisation présente une structure à sept niveaux. Selon l'auteur Valéry Sanfo, il serait possible de superposer la notion de corps subtils avec la composition de l'être dans l'Égypte antique : « *Nous pouvons considérer le ka comme correspondant au corps doublé éthéré, le ba au corps astral, le chu ou corps mental supérieur au corps causal* ».

Dans l'hindouisme, en particulier dans certaines Upanishad, dans le Yoga et dans le Vedanta, mention est faite de plusieurs « fourreaux », « gaines », « enveloppes (koshas) » dans divers corps avec pour noyau le soi personnel.

Mais la codification la plus claire et la plus intelligible a été donnée par Héléna Blavatsky, la fondatrice de la Société Théosophique. Dans son livre, « *La Doctrine secrète* », elle indique que l'Univers est organisé par le chiffre sept. L'Esprit divin se différencie sous forme de sept états de matière et, de même, l'être humain est composé de sept corps.

Ce concept a été repris par Rudolf Steiner en 1910.

De nos jours, les adeptes de la thérapie holistique ont regroupé ces notions en quatre parties : **le physique, l'émotionnel, le mental et le spirituel.**

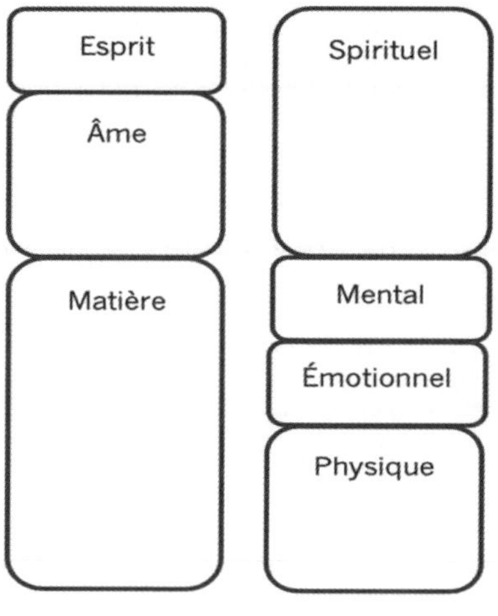

Si l'on met en regard ces trois modélisations, on constate immédiatement que les plans physique, mental et émotionnel se situent au niveau de la matière, ce qui amène un élément de compréhension non négligeable.

L'âme et l'esprit se situent au niveau spirituel, mais cette notion est intuitivement évidente.

Afin de mieux visualiser le système de la Création dans laquelle nous évoluons, je me réfère à présent à la modélisation rappelée par le mouvement théosophique à la fin du XIXe siècle. Cette conception présente l'Univers comme un immeuble à sept étages.

Outre la symbolique du chiffre sept que l'on retrouve dans bon nombre de référentiels, ce système est cohérent puisque si l'Univers est doté de sept niveaux non seulement l'être que nous sommes existe et vibre sur ces niveaux également, mais il est doté d'un véhicule personnel lui permettant d'évoluer sur ces différents plans. Pour être plus précis, il existe un véhicule par plan. Ces sept véhicules sont le corps physique et les corps subtils.

Cet aspect de la Création éveille des perspectives qui laissent rêveur. Ainsi, si nous sommes réellement co-créateurs, nous disposons des moyens d'influencer la Création jusqu'aux niveaux les plus subtils.

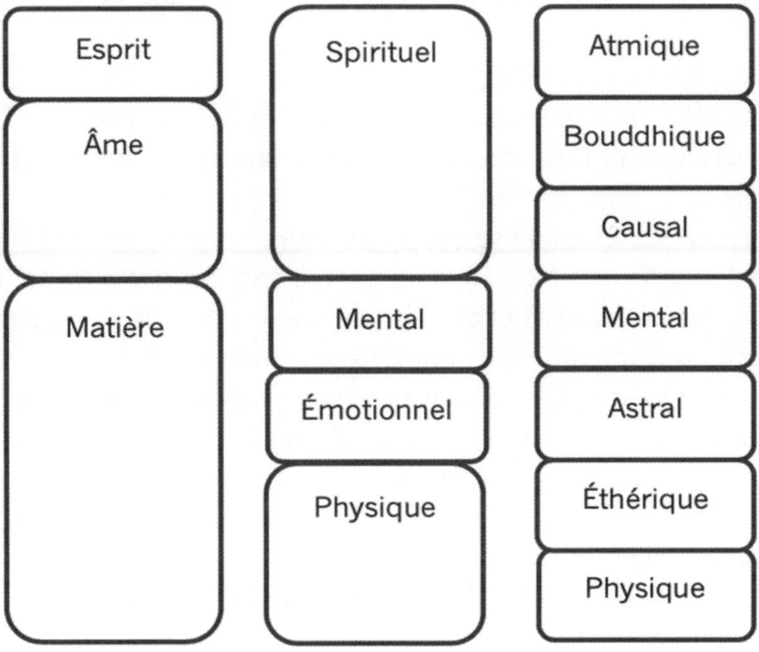

Mais ne rêvons pas plus que de raison. Nous ne pouvons intervenir qu'en fonction de notre niveau de conscience. Toutefois ces perspectives sont alléchantes.

Pour en revenir à notre sujet, la mise en regard de ces trois modélisations de l'Univers permet une meilleure perception et une meilleure compréhension du système.

Au premier regard, il apparaît que nous n'évoluons pas sur le plan physique au travers d'un seul corps, mais de deux. Le corps éthérique que certains appellent à tort « l'aura » a une consistance matérielle. Il en est de même du corps astral qui est également appelé corps émotionnel ainsi que du corps mental qui a quelque chose à voir avec notre façon de penser, cette faculté n'étant pas limitée au seul périmètre de notre cerveau.

Le corps causal qui véhicule tous nos arriérés de dettes karmiques et de conditionnements se positionne sur le plan spirituel.

Mais avant de détailler plus précisément les fonctions de chacun de nos corps subtils, pour plus de clarté, il est préférable de commencer par expliciter les différents plans de la Création.

LES SEPT NIVEAUX VIBRATOIRES DE LA CRÉATION

Dès que l'on commence à faire quelques pas sur le chemin spirituel, on découvre que la Création est loin de se limiter à notre seule réalité physique.

L'Univers est très organisé et très structuré. On peut le modéliser sous la forme d'une structure pyramidale dont la base est occupée par le plan de notre réalité matérielle et dont le sommet est occupé par le plan de la conscience pure, immatérielle, immortelle et non manifestée.

Cette conscience se manifeste au travers de différentes strates de plus en plus intenses et de plus en plus matérielles. Ces couches de création sont innombrables, mais il est d'usage de les regrouper en sept niveaux qui, eux-mêmes, se décomposent en sept sous-niveaux qui eux-mêmes comprennent différents plans.

Sur le schéma qui suit, j'ai placé, en regard de ces niveaux, les plans qui sont en affinités avec l'esprit, l'âme et le physique. C'est ce qui permet de réaliser que, par exemple, l'astral a une réalité physique. Ce dessin

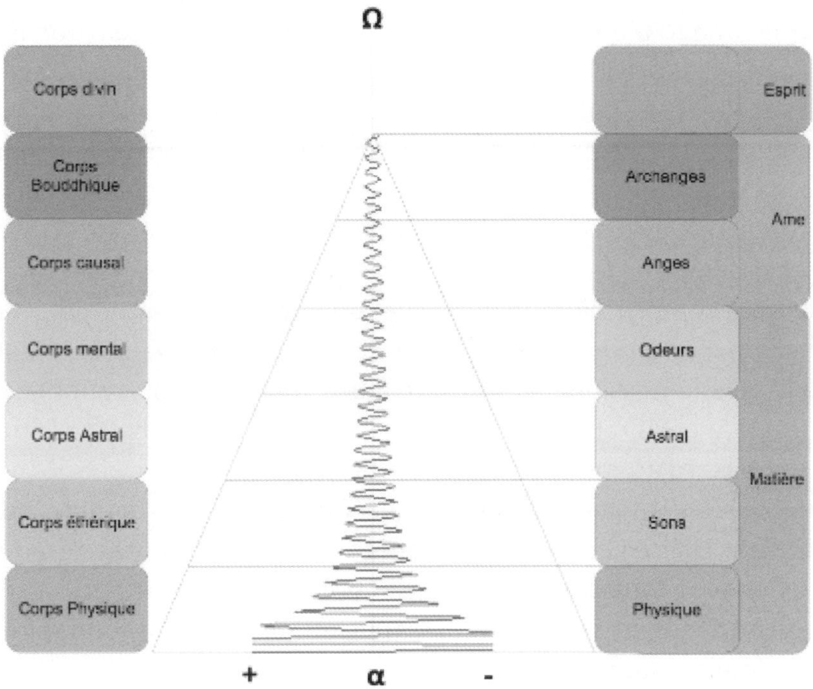

simplifié permet également de mettre en évidence que nous disposons du véhicule adéquat pour explorer le plan de l'astral. De la même façon, nous disposons d'un corps subtil pour chacun des plans de la Création.

J'ajoute que ce simple dessin permet de comprendre pourquoi le corps causal est appelé le « corps de l'âme ».

La partie centrale du dessin est censée représenter l'intensité vibratoire dont le signal part du silence absolu et s'intensifie progressivement sous l'effet de la dualité jusqu'à atteindre le brouhaha de notre plan d'incarnation.

Le plan physique

Ce plan est étudié par la science depuis des lustres. C'est le plan le plus connu et le mieux maîtrisé.

Les sons

Parmi les lointains souvenirs de ma lointaine enfance, me revient en mémoire l'image d'un enfant de chœur qui, durant la messe dominicale, à un moment précis, agitait une clochette d'une façon qui me semblait tout d'abord frénétique puis rythmique. À l'époque, alors que j'inclinais pieusement la tête, je me souciais peu de la signification de ce rituel.

Ce n'est que des années plus tard, sous l'effet d'une saine curiosité, que mon esprit avide de savoir commença à s'interroger sur le sens de la vie et qu'il fit des tentatives pour mieux comprendre l'organisation de l'Univers. Je compris alors que le rituel de la clochette avait pour but de tenter d'amener l'état de conscience des paroissiens vers le niveau qui jouxte le niveau physique et qui vibre à une fréquence plus subtile.

Lors de la célébration de la messe, le rituel de la clochette n'a pas été placé par hasard au moment de l'Élévation.

En poursuivant mes recherches, je me rendis vite compte que les sons étaient utilisés sur toute la planète par les différentes cérémonies spirituelles avec toujours la même intention : élever l'âme.

Mon intention n'est pas de rédiger une étude sur l'utilisation spirituelle des sons, mais juste de rappeler leurs différentes vertus.

Je considère que les sons peuvent être utilisés selon deux sortes de mise en œuvre :

Ils permettent à la conscience de se centrer et de monter expérimenter des niveaux de plus en plus subtils. Le son OM et les mantras permettent de réaliser ces exercices spirituels. Sachant que la fréquence d'un son émis au niveau de la matière a une fréquence qui diminue progressivement au fur et mesure de sa montée sur les différents plans jusqu'à atteindre la finalité ultime : le silence.

De même, les sons exprimés à des niveaux subtils permettent d'avoir un effet sur la matière ce qui leur confère un pouvoir thérapeutique indéniable. C'est le cas du son des bols tibétains ou des bols de cristal par exemple.

Ces constats de base nous rappellent que la conscience éternelle, immuable et silencieuse peut également se manifester sous forme de sons pour peu qu'une intention soit présente. De même, les sons peuvent amener l'esprit à expérimenter cette conscience universelle.

L'ASTRAL

Plus que les autres niveaux, l'astral me donne l'impression d'être un monde complet inclus dans l'Univers. C'est ce monde que nous explorons toutes les nuits lorsque nous dormons. Ce monde me semble insondable tant il revêt d'aspects différents. Pourtant il n'est pas plus grand que les autres, ce sont juste ses caractéristiques et ses manifestations qui sont plus variées.

Et nous avons la chance de pouvoir l'explorer à loisir parce que nous sommes dotés du véhicule adéquat. C'est notre corps astral qui nous permet de réaliser ces merveilleux voyages soit inconsciemment pendant notre sommeil, soit de façon consciente lorsque nous méditons dans un état de conscience modifiée.

LES ODEURS

Si je parle d'une utilisation spirituelle des odeurs, je prends le risque que l'on me regarde avec des yeux ronds et que l'on me taxe de déraison. Alors que, pourtant, cette utilisation est universelle. Toutes les religions, tous les mouvements spiritualistes de la planète font une utilisation intense de l'encens.

Lorsque, jeune méditant, je m'interrogeais sur cette utilisation très répandue de l'encens, j'étais loin de me douter que les odeurs vibrent à un niveau très fin de la Création et que, tel un véhicule, elles sont susceptibles d'amener notre conscience à vibrer à ce niveau très subtil et très agréable.

LES ANGES

Durant plusieurs siècles, le sujet des anges a relevé exclusivement du domaine religieux, du moins en Occident. Mais les temps changent, et l'époque moderne a amené un nouveau regard. Il suffit de considérer le nombre d'ouvrages qui parlent des anges pour s'en rendre compte. Je mentionne tout particulièrement celui de Pierre Jovanović « *Enquête sur l'existence des anges gardiens* » qui donne un caractère universel à la présence des anges. Il a réalisé un travail de fourmi pour recenser un important nombre de témoignages qui banalisent en quelque sorte les présences et les manifestations angéliques dans la vie du commun des mortels en dehors de tout contexte religieux, moral ou philosophique.

Les anges sont des êtres très vibrants qui n'ont pas vocation à s'incarner sur Terre.

Lorsque l'on étudie les schémas de modélisation de la Création que je propose ci-dessus, on note que le plan sur lequel se situent les anges est le premier des plans non matériels. Cette particularité place les anges à la jonction entre la matière et le spirituel, ce qui leur confère un rôle particulier dans la Création. En grec ancien *Aggelos* signifie « messager ». On constate en effet que les différentes traditions attribuent aux anges un rôle de messager entre le divin et le monde des humains.

Mais leur rôle est plus étendu que celui de simples porteurs de messages. Ils veillent sur les mondes d'en bas avec douceur et compassion, et sans interventionnisme.

Lorsque, en méditation, j'avais exploré les différents plans de la Création, un certain nombre d'informations et d'explications s'étaient clarifiées dans mon esprit : la Création repose sur différentes structures, mais pour que tout fonctionne bien, il convient de mettre du liant et de la fluidité entre ces structures. Les anges sont chargés de vérifier que l'énergie circule correctement entre les structures. Ainsi, en plus des anges messagers, il existe des « anges travailleurs ». De même, les fonctions exercées par les anges dans la Création sont très diverses.

Lors d'une méditation, j'avais eu la vision d'une scène surprenante. De loin j'avais l'impression de voir une fontaine, mais en m'approchant je me suis rendu compte qu'il s'agissait d'un poste d'observation autour duquel régnait une forte agitation. En m'approchant encore j'aperçus des anges très affairés en train d'observer la vie sur terre. Mais en même temps, j'avais l'impression qu'ils ne se contentaient pas d'observer. Je les sentais prêts à intervenir si nécessaire.

Les anges ont un rôle d'autant plus important qu'une couche vibratoire de la Création leur est consacrée. Mais, de même que les anges ne sont pas les seuls à exister sur ce plan, les autres plans accueillent également d'autres « habitants » (les guides, les défunts, le petit peuple ...), chacun selon son niveau d'évolution. C'est ainsi que, lors des méditations qui m'ont permis d'explorer certains mondes subtils, je me suis rendu compte que l'Univers était surpeuplé, pas surpeuplé en termes de densité parce que les mondes subtils semblent incommensurables, mais surpeuplé en termes de nombre d'individus. Il y a du monde partout ! Dès que l'on arrive sur un nouveau plan, on voit immédiatement accourir des groupes de gens. Certains viennent juste pour voir ce qui se passe, d'autres viennent nous accueillir.

Les archanges

Les trois religions monothéistes (juive, chrétienne et musulmane) considèrent que les archanges sont une catégorie d'anges. Le mot archange est composé du préfixe grec *arkhé* qui signifie « commandement » et « commencement ». Cette étymologie va dans le sens de prérogatives accrues des archanges par rapport aux anges.

La Bible reste très discrète au sujet des archanges. Il faut attendre l'ouvrage de Pseudo-Denys l'Aréopagite, « *Hiérarchie céleste* » (vers 490) pour les voir figurer parmi les neuf règnes angéliques.

Plus tard, le pape Grégoire le Grand (vers 540-604) dans ses « *Homélies sur l'Évangile* » indique « *On appelle « archanges » ceux qui annoncent les plus grands évènements. C'est ainsi que l'archange Gabriel a été envoyé à la Vierge Marie (...) Pareillement, lorsqu'il s'agit de déployer une puissance extraordinaire, c'est Michel qui est envoyé. En effet, son action comme son nom, qui veut dire : « Qui est comme Dieu », font comprendre aux hommes que nul ne peut faire ce qu'il appartient à Dieu seul de réaliser* ».

Dans la Bible seuls les noms de Michel, Gabriel et Raphaël sont mentionnés. Mais d'autres sources, la tradition orthodoxe en particulier, mentionnent sept archanges. C'est le livre apocryphe d'Hénoch qui semble le plus précis. Les noms des sept archanges avec leurs fonctions sont listés :

Ouriel (ou Uriel), l'un des saints anges, est préposé au monde et au tartare.

Raphaël, l'un des saints anges, est préposé aux esprits des humains.

Ragouël (ou Raguël), l'un des saints anges, châtie le monde des luminaires.

Michel, l'un des saints anges, est préposé aux hommes de bien et au peuple.

Sariel (ou Saraquiel), l'un des saints anges, est préposé aux esprits qui pèchent contre l'esprit.

Gabriel, l'un des saints anges, est préposé au paradis, aux dragons et aux chérubins.

Rémiel (ou Ramiel), l'un des saints anges, est chargé par Dieu du soin des ressuscités.

Ainsi il s'avère que, au-delà des anges, se trouve le plan très lumineux des archanges. Les archanges sont-ils des super anges ? Il est permis de l'exprimer de cette façon parce que les archanges disposent de plus de moyens d'action et de plus d'autonomie que les anges.

La vacuité

Le niveau supérieur est celui de la conscience éternelle, silencieuse, immuable et non manifestée. C'est sur ce plan que l'on peut faire l'expérience de la vacuité. Pourtant la vacuité n'est pas vide, elle contient le potentiel infini de ce qui n'est pas manifesté, mais qui pourrait l'être !

Ce plan est si élevé vibratoirement qu'il est difficile d'en mentaliser une représentation claire. Toutefois les expériences réalisées en méditation indiquent qu'il est également composé de plusieurs niveaux habités par des êtres d'essence divine.

L'UNIVERS EST COMPLEXE

Je précise que la structure de l'Univers est beaucoup plus complexe que les quelques notions que j'expose ici.

Un jour il me fut donné d'assister à la prestation d'un médium qui entrait en contact avec des défunts venus se manifester pour donner des nouvelles aux personnes attristées qui étaient si nombreuses que la salle était comble.

Au cours de cette consultation, un grand-père se présenta pour une dame de l'assistance qui recueillit ainsi quelques nouvelles rassurantes de la part du défunt. Après quelques échanges rapides avec le médium, la dame posa une question sur sa grand-mère. « Nous ne sommes pas sur le même palier », répondit le défunt grand-père par l'intermédiaire du médium.

J'imaginais aussitôt un immeuble avec des étages et des paliers, et je ne comprenais pas pourquoi le couple ne vivait pas sur le même palier et dans le même appartement. Ce n'est que quelque temps plus tard, au cours d'une méditation, que je perçus l'Univers organisé en sept niveaux principaux, mais ces niveaux sont subdivisés chacun en sept sous-niveaux qui se subdivisent encore et encore jusqu'à trouver la notion de palier.

Après le décès, dans l'au-delà, les défunts intègrent l'un de ces paliers, chacun selon son niveau d'évolution.

Communs des mortels que nous sommes, notre existence est ancrée dans le plan de la matière. Mais le monde qui nous entoure qui est pesé, mesuré, quantifié, évalué par les scientifiques, n'est pas l'Univers entier. Ces mêmes scientifiques qui parlent à présent de physique quantique commencent à le reconnaître.

Les spiritualistes ont depuis longtemps découvert que les plans d'existence ne se résument pas au plan de la matière. Un exposé simple ou même simpliste consiste à déclarer que la Création est issue de la conscience originelle, éternelle, non manifestée et silencieuse. Sous l'effet d'une intention, cette conscience se manifeste sur des plans de plus en plus denses jusqu'à atteindre notre niveau de matière et probablement d'autres niveaux encore plus denses. Je pense ici aux trous noirs, mais ce débat dépasse notre sujet. Le « *Manu Samhita* » explicite le processus de création de l'Univers. Voir page 155.

Au cours de notre incarnation terrestre, nous n'avons de cesse de reprendre contact avec le niveau de conscience non manifestée initiale. La méditation qui a pour effet de calmer les pensées et de contourner le voile de l'intellect permet de rétablir ce contact. Je ne parle pas ici d'éveil spirituel, mais juste de calmer le tapage incessant de l'intellect. L'éveil spirituel consiste à élever la physiologie au même niveau vibratoire que la conscience non manifestée initiale. C'est le résultat d'allers et retours innombrables entre la matière et ce niveau élevé de la conscience. Mais pour l'instant il s'agit juste d'amener notre conscience individuelle à reprendre contact.

Cette phase n'est ni anodine ni triviale. La persévérance et l'application du méditant sont payées en retour par des expériences passionnantes et l'acquisition de connaissances enthousiasmantes. Le chemin du méditant en quête d'absolu est jalonné par la révélation de ce que j'appelle des marqueurs, mais qui sont le plus souvent qualifiés d'archétypes. Cette progression permet de découvrir que chaque niveau héberge des pans de la Création qui se révèlent de manière archétypale. Ces marqueurs sont très précieux, car ils permettent de savoir où on en est dans notre progression.

Mais que l'on ne s'y trompe pas, pour le commun des mortels, ce lent cheminement vers la conscience absolue prend de nombreuses années. Dans notre société où il faut toujours aller vite et où on veut tout et tout de suite, ce délai pourrait en rebuter certains ce qui est regrettable, car ce cheminement est, en soi, une aventure passionnante, pleine de rebondissements et génératrice d'un grand enthousiasme.

Quand, enfin, cette première étape est franchie, le travail à réaliser présente deux aspects imbriqués et complémentaires.

Le méditant est tellement grisé par la béatitude expérimentée dans cet état qu'il peut s'en satisfaire. Commence alors pour lui une phase qui peut durer des années voire plusieurs vies durant lesquelles ses allers et retours vont permettre de ramener progressivement les vibrations du septième niveau vers la matière.

Ce travail fait penser à un travail alchimique parce que la physiologie et tous les corps subtils avant elle doivent se transformer pour pouvoir supporter un niveau vibratoire aussi élevé. Si l'on connectait la physiologie avec la conscience du septième niveau, cela reviendrait à faire passer du courant à haute tension dans des fils électriques prévus pour recevoir du 12 volts. D'où le travail de transformation que je qualifie d'alchimique que doivent subir la physiologie et les corps subtils. On comprend que cette transmutation prenne du temps et doit être réalisée progressivement afin d'éviter les accidents.

Mais la tentation est grande et même nécessaire de rectifier les effets de l'intention de la Création initiale que l'on suppose pure et louable, et qui, pourtant, a souvent subi certaines dérives liées entre autres au karma. Il est grandement question de ce sujet dans ce livre. Cette approche consiste à travailler sur l'intention de manifestation de la conscience afin d'infléchir une réalité qui nous est désagréable ou qui ne correspond pas à nos besoins d'épanouissement personnel.

Le travail sur l'intention se manifeste sous différentes formes : demande de réalisation de désir, demande de soin, demande de guérison, demande de modification de la réalité manifestée, visualisation.

Mais souvent, en vertu du principe qui veut que plus on s'élève et plus on voit loin, le travail sur l'intention est guidé par les informations qui sont reçues sous forme de ressenti, d'intuition, de divination ou de voyance.

Le livre de vie

Les archétypes sont très nombreux, les mentionner tous serait fastidieux et pour tout dire hors de propos. Cependant je souhaite dire quelques mots sur le « livre de vie » qui illustre parfaitement les règles du jeu, le comment ça marche, et la liberté qui nous est offerte pour prendre notre destin en main.

Je recopie les notes que j'avais prises à la suite d'une méditation qui m'avait permis de prendre connaissance de cet archétype.

(...) *Un peu plus tard, je me trouve devant mon livre de vie. Jusqu'à présent j'ai écrit ce livre dans la précipitation. Mon écriture est griffonnée. Sans que je le décide vraiment, la décision de m'appliquer s'impose à moi. Désormais, je remarque que mon écriture brouillonne a cédé la place à une écriture posée et agréable à lire. Je ne résiste pas à l'envie d'aller voir dans les pages qui suivent. Je me rends compte que seules les têtes de chapitres et de paragraphes sont écrites. Il m'appartient de remplir les vides au fur et à mesure.*

J'en suis là de mes découvertes lorsque, sans que je ne demande rien, une voix me dit : « on peut ajouter des pages si tu veux ». Je vois alors une image qui me montre un lot de pages qui sont ajoutées en nombre à peu près équivalent aux pages déjà écrites. « Mais on peut également en enlever et/ou en remplacer par d'autres ». De même je vois les silhouettes indistinctes de personnes importantes dans ma vie. Certaines peuvent entrer dans le livre ou non (...).

J'en retiens que « seules les têtes de chapitre sont écrites », ce qui signifie que nous avons beaucoup de liberté pour appréhender les étapes de notre parcours dont certaines sont prédéfinies. Nous avons le choix également de choisir les personnes avec qui nous voulons faire un bout de chemin.

J'en retiens surtout que seules les grandes étapes sont prédéterminées. On peut même arracher des pages dans notre livre de vie ou en ajouter d'autres. Notre qualité de co-créateur nous confère une grande liberté en matière de réalisation des désirs, mais également une grande responsabilité.

LES SEPT LOIS DE LA NATURE ET L'ÉNERGIE VIBRATOIRE

Se mettre en situation de réaliser un désir revient à faire en sorte d'altérer notre environnement afin qu'il prenne la direction que l'on souhaite. Mais jouer les apprentis co-créateurs ne va pas sans risque, c'est pourquoi il vaut mieux connaître les règles du jeu, en l'occurrence les lois de la Nature.

Des lois de la Nature, il en existe beaucoup, mais j'en retiens sept principales. Ce que l'on appelle lois de la Nature, ce sont les règles qui régissent l'Univers. Parmi ces sept lois, trois sont prédominantes, et les quatre autres découlent de ces trois lois dominantes.

LA LOI DE LA CRÉATION.

L'idée sous-jacente à mon propos fait écho à la parole biblique qui dit que le verbe s'est fait chair (*verbum caro factum est*). Mais ce principe de création va au-delà.

Au départ la conscience universelle est inerte, silencieuse et éternelle. Elle est animée sous l'effet d'une impulsion ou plus précisément d'une intention. L'intention crée l'idée qui devient une pensée qui elle-même s'exprime par une verbalisation ou une image. Et le verbe devient une action qui a pour but de produire une manifestation, soit un acte, soit un objet.

Mais l'une des lois mineures de la Création que je ne retiens pas dans les sept principales veut que l'impermanence s'applique partout. Cette loi fait que, dans la Création, rien ne dure. Lavoisier en son temps y faisait allusion. Et, de façon plus structurée encore, la civilisation indienne traditionnelle a bien codifié ce processus. Brahma symbolise la création,

Vishnou la préservation et Shiva la destruction.

On retrouve la même notion dans notre astrologie occidentale avec les signes cardinaux, fixes et mutables qui ont respectivement les mêmes attributs de création, préservation et destruction. Entendons-nous bien, les signes mutables ne détruisent pas tout sur leur passage. De façon plus adaptée, on peut affirmer que la particularité des signes cardinaux est de mettre les affaires en route, les signes fixes assurent la durée, et les signes mutables assument la tâche délicate de terminer ce qui doit l'être, terminer un projet, finaliser une action, mettre un terme à tout ce qui devient obsolète. L'idéal serait que ces trois types de signes soient valorisés dans un thème, mais c'est rarement le cas.

Dans le propos ici abordé, la mise en œuvre de cette loi est fondamentale, car elle nous permet de créer le type de vie que nous souhaitons mener, de le faire perdurer et de terminer ce qui nous encombre et qui n'a plus lieu d'être.

La loi de temporalité

Cette loi est liée à la loi de la création. Elle établit un lien entre le temps et la matière : plus il y a de matière et plus la notion de temps est importante. La réciproque est vraie aussi : plus le temps est important et plus la matière est importante.

En vertu de cette loi, dans les sphères éthérées, le temps existe peu ou pas. Dans les univers très denses comme les trous noirs, la matière est probablement très concentrée et le temps nous semblerait à nous, terriens, arrêté.

Sur cette terre, on peut considérer que nous nous situons entre ces deux extrêmes. Mais le temps est suffisamment présent pour entraîner une certaine inertie dans le processus de création. Dans l'astral la réalisation d'un désir est immédiate. Sur terre il faut savoir être patient.

La loi de l'attraction

Cette loi est également liée à la loi de la création.

Montaigne en son temps y faisait allusion lorsqu'il constatait que, en voyage, tout le monde cherche spontanément à retrouver les gens de son pays, de sa région ou de son village. Lui-même affirmait prendre le contrepied de ce réflexe viscéralement humain en s'asseyant aux tables « les plus lourdes d'étrangers ».

Cette loi qui s'exprime par l'adage : « Qui se ressemble s'assemble » se manifeste bien au-delà du comportement des humains que nous sommes. Elle est universelle et entraîne le fait que partout dans l'Univers, les vibrations de même nature se recherchent, s'attirent, s'assemblent et se renforcent.

C'est ce qui explique que cette loi soit si précieuse en matière de réalisation des désirs, parce qu'elle permet d'attirer les vibrations nécessaires à la manifestation de ce que nous souhaitons voir se réaliser.

La loi de la dualité

Cette loi nous empoisonne la vie. Je ne fais pas allusion à ces contradicteurs qui disent systématiquement l'inverse de ce que nous affirmons, mais plutôt au fait que dès le départ nous naissons avec seulement une moitié du puzzle. Avec la symbolique imbriquée du yin et du yang, les taoïstes ont bien montré que le tout est constitué par l'association du masculin et du féminin. Et, pauvres de nous, nous ne sommes que l'un ou l'autre et passons notre vie à chercher l'autre moitié du puzzle.

Ce principe ne se limite pas à la seule vie amoureuse, il est universel. Il constitue une partie de notre chemin d'évolution qui consiste à dépasser nos contradictions, à aller au-delà des contraires pour réunir chaque chose et son inverse en un tout unique et expérimenter enfin l'unité.

La loi du retour

On oublie trop souvent que toute la Création est issue de la conscience universelle unique. Autrement dit, nous sommes de la même essence que cette personne qui nous pourrit la vie, qui nous agresse ou qui nous fait souffrir. Bien sûr il ne faut pas rester sans rien faire. La victimisation n'est jamais la bonne solution. Mais l'agresser à notre tour n'est pas une solution non plus parce que ce l'on fait aux autres c'est à soi-même qu'on le fait. La loi du retour veut que tout revienne toujours à son émetteur. En vertu de cette loi, si on répond à la violence par la violence on recevra toujours plus de violence.

Je reconnais que ces notions sont théoriques et il n'est pas toujours facile de tendre l'autre joue quand on a reçu une gifle sur la première. Par contre il est bon de garder ces concepts dans un coin de notre esprit.

Et, chaque fois que possible, il est préférable de faire appel à la loi du pardon.

La loi de cause à effet

Cette loi est connue sous le nom de karma. Elle est liée à la loi du retour.

Tout effet a une cause, toute cause a un effet. Cette loi fait que le karma a des répercussions sans fin. Parce que, en vertu de la loi de création, à chaque instant nous créons notre vie et donc multiplions les causes. Et ces causes auront des effets dans les minutes qui suivent ou dans les vies à venir.

Pour ne plus créer de karma, il faudrait s'installer au niveau le plus haut de la Création, c'est-à-dire au niveau de la conscience universelle non manifestée. Même s'il s'agit du but ultime, la loi de temporalité indique qu'il faudra attendre un peu avant d'atteindre cet état. D'où l'idée d'utiliser la loi de l'attraction pour nous créer une destinée plus agréable en défrichant progressivement le fouillis qui préside au fonctionnement de notre esprit et qui affecte nos pensées.

La loi du pardon

Quand on voit les atrocités dont sont parfois capables les humains, il n'est pas toujours facile de faire appel à cette loi. Pourtant elle permet souvent de nous tirer d'un mauvais pas.

Si l'on est agressé et si l'on répond par une agression en retour ou tout simplement par une violence contenue sous forme de ressentiment, on nourrit le conflit qui nous oppose à cette personne. Et ce conflit perdure et se perpétue sous forme de karma.

Tandis que si l'on est capable de pardonner, notre attitude a pour effet de faire retomber le conflit. Un agresseur sans adversaire se trouve désemparé et va exprimer son agressivité ailleurs. Le pardon permet de ne pas créer un nouveau karma.

De même, il peut arriver que nous commettions une erreur plus ou moins grave, mais suffisamment prégnante pour qu'elle nous encombre l'esprit. Le fait de demander pardon revient à envoyer un message à l'Univers pour lui demander de ne pas tenir compte de notre erreur en nous renvoyant un karma proportionnel à ce que nous avons fait. Encore faut-il que notre demande de pardon soit profonde, sincère, et dénuée d'une intention stratégiquement intéressée.

LES SEPT COULEURS ET LES ÉNERGIES VIBRATOIRES

Mentionner les couleurs de l'Univers dans une étude consacrée à la réalisation des désirs peut surprendre au premier abord. Pourtant il s'avère qu'une utilisation judicieuse des couleurs permet d'agir sur notre environnement et sur nous-mêmes.

Nous avons la chance de vivre sur un plan de la Création où les couleurs sont omniprésentes. Je ne parle pas des couleurs du cercle chromatique, mais des couleurs de la Nature dont la manifestation la plus visible se dévoile lors d'un arc-en-ciel.

L'arc-en-ciel est un phénomène naturel qui nous permet d'admirer la palette de base de la Nature. Cette palette se combine ensuite pour donner l'infinité de combinaisons colorées que l'on peut découvrir dans les différentes strates de la Création.

Je mentionne que les couleurs de l'arc-en-ciel, du rouge au violet, constituent la palette des couleurs visibles par l'œil humain. Mais il en existe d'autres : les infrarouges, les ultra-violets ...

La manifestation des couleurs est également effective au niveau subtil. De nos jours personne n'ignore que chacun des chakras principaux est associé à une couleur.

D'ailleurs ce sujet mérite quelques commentaires. La présentation qui en est faite est parfois caricaturale : l'arc-en-ciel présente sept couleurs, il suffit de les mettre en relation avec les sept chakras et le tour est joué. C'est vrai, mais incomplet. L'expérience montre en effet que certains chakras se manifestent selon plusieurs couleurs.

Il est bon de garder ces informations présentes à l'esprit lorsque, par exemple, on souhaite effectuer une intervention en mettant en œuvre des minéraux. La sélénite (de couleur blanche) par exemple est en affinité avec le chakra coronal et la tourmaline (de couleur noire) avec le chakra racine. Quant à la couleur Rose, elle ne surprend personne. Le Rose est la couleur associée aux sentiments dont le siège physique est couramment situé dans le cœur. Et le minéral de prédilection pour ce chakra est le quartz rose.

Malgré tout, il faut rester prudent en ce qui concerne les couleurs des chakras parce qu'il s'avère que les chakras réagissent également au phénomène des fractales, c'est-à-dire que chaque chakra est un monde à lui tout seul et, en fait, contient toutes les couleurs de l'arc-en-ciel, même s'il est plus particulièrement personnalisé par telle ou telle couleur. C'est ce qui explique qu'un chakra défaillant puisse être rééquilibré avec une couleur qui n'est pas sa couleur principale ou par un minéral dont la couleur n'est pas celle qui le caractérise habituellement.

Ce phénomène doit être souligné, parce que les couleurs ne sont pas seulement une expression de la Nature, elles ont un réel pouvoir pour interférer avec la Création. Et, si l'on y accorde un peu d'attention, il est évident que le pouvoir des couleurs fait partie de notre bagage qui se manifeste au travers d'expressions populaires telles que : « Il voit rouge », « Il rit jaune », « Il s'est mis au vert », « Il est très fleur bleue ». À noter que la peur est une véritable plaie qui a au moins deux couleurs : « Une peur bleue », « Je suis vert de peur ».

De façon plus maîtrisée, les couleurs ont des vertus qui peuvent être utilisées avec profit.

Le Rouge est la couleur de l'énergie. Trop d'énergie débouche sur le conflit, cette couleur doit être utilisée avec discernement. Toutefois le Rouge peut être utilisé pour soutenir une personne dont le tonus est grandement défaillant. Pour une raison que j'ignore, le Rouge permet également de calmer les enfants de moins de deux ans.

La couleur Orange présente un statut un peu à part. Je n'ai pas trouvé d'expression populaire qui fasse allusion à cette couleur. L'Orange est une couleur chaude qui véhicule également beaucoup d'énergie, mais moins que le Rouge. Il est possible d'utiliser la couleur Orange, mais par un phénomène de retour dont je n'ai pas perçu l'explication la personne qui a reçu la couleur ressent un attachement pour la personne qui l'a émise. Donc cette couleur est à utiliser avec discernement.

La couleur Jaune est la couleur énergétique la plus facile à utiliser parce qu'elle ne présente aucun « effet secondaire ». De plus elle a une fonction de fixation, c'est-à-dire qu'on peut mettre en œuvre une couleur donnée puis compléter avec le jaune qui permet de stabiliser l'effet de la première couleur.

J'émets un point de vigilance à propos de cette couleur dont les nuances peuvent générer des confusions. La couleur à utiliser est la couleur du bouton d'or. Mais la couleur du bouton-d'or n'est pas la couleur de l'or. La couleur de l'or est la couleur du miel. Le miel qui est utilisé pour soigner les maux de gorge. Et sa couleur, c'est-à-dire la couleur de l'or, a les mêmes vertus.

Les trois premières couleurs sont des couleurs énergisantes associées aux chakras de la matière. Un ressenti effectué sur ces couleurs donne une impression de chaleur, tandis que les couleurs suivantes procurent une perception de fraîcheur.

La couleur suivante, **le vert**, est associée au chakra central (le quatrième sur sept). C'est probablement ce qui explique que la couleur verte a un pouvoir très spécifique, le vert émeraude en particulier possède un fort pouvoir d'harmonisation. Et le vert, surtout le vert sombre, a un effet de guérison très précieux. La couleur verte a un statut bien particulier en relation avec le chakra du cœur dont l'usage en a fait le siège des sentiments. De la même façon, il est considéré comme acquis que le cerveau est le siège de la pensée. Pourtant il me semblerait plus judicieux de prendre conscience du fait que l'intellect est hébergé par le corps mental et que les sentiments sont portés par le corps astral également appelé corps émotionnel. Mais ces préoccupations relèvent d'un autre débat.

La couleur bleue, le bleu d'un ciel d'été, a des vertus apaisantes. Elle est préconisée lorsque l'on souhaite calmer le jeu, apaiser une situation ou une personne. Dans notre société où le stress est omniprésent, cette couleur est précieuse.

Les deux dernières couleurs sont particulières dans la mesure où elles nous sont personnelles. On ne peut pas les utiliser pour une tierce personne, une situation, une plante, un animal.

Le bleu indigo aussi appelé bleu nuit est la couleur de l'âme.

Le violet-parme est la couleur de l'esprit, il s'agit d'une couleur éminemment spirituelle que l'on retrouve souvent sur les habits sacerdotaux.

COULEURS, VIBRATIONS ET RÉALISATION DES DÉSIRS

En matière de réalisation des désirs, il faut considérer les couleurs comme un outil complémentaire. Les couleurs sont des vibrations que l'on peut envoyer consciemment à une personne ou une situation dans le but de produire un effet. En d'autres termes, l'envoi des couleurs permet de peser sur la réalité et de l'orienter vers un résultat attendu.

Durant ma vie professionnelle, il me fut donné de travailler dans un open-space. Je me souviens encore de ce jour où une collègue dont le bureau se trouvait à l'autre extrémité de la pièce fut prise d'une quinte de toux. Une quinte de toux incroyable, une toux d'irritation. Incontrôlable. Elle n'arrivait plus à s'arrêter. J'étais concentré sur un dossier, et même s'il m'en coûte de l'avouer, au lieu d'éprouver de la compassion, ma première réaction, viscérale, fut de ressentir de l'agacement en raison de cette nuisance qui venait contrarier ma concentration. Mais la collègue toussait toujours. Cette quinte de toux s'éternisait, ce qui finissait par devenir inquiétant. C'est alors qu'une voix en moi retentit, comme une alerte dans un moment de panique : « Il lui faut du vert émeraude ! » Au même moment une bulle de couleur vert émeraude s'échappa de mon troisième œil et partit vers la collègue en détresse que je perçus instantanément baignant dans une forme ovoïde saturée par ladite couleur. C'est alors que je demeurai interloqué ou scotché sur place comme on dit maintenant. Parce que la toux s'arrêta net. La collègue reprit sa respiration tranquillement et tout rentra dans l'ordre.

Dans cette anecdote, le désir non exprimé et non mentalisé fut de demander la guérison immédiate de cette toux d'irritation inquiétante.

Dans le même ordre d'idée, depuis, j'ai élaboré une petite recette pour pallier les désagréments qui affectent souvent notre sphère ORL. Dès que ma gorge me picote, avant de laisser dégénérer la situation, je visualise comme une écharpe douce et moelleuse autour de mon cou, et je lui affecte une couleur de miel dense et saturée. Puis je l'encapsule dans une fine pellicule de jaune citron afin de la fixer et de la stabiliser. Et, la plupart du temps, le désagrément s'arrête très rapidement.

Les applications liées à l'utilisation des couleurs sont innombrables. Je me souviens de ce bel été où il faisait tellement beau que l'envie nous vint de faire profiter la plante du salon de la lumière et de la chaleur estivales qui nous faisaient tant de bien. Mais trop c'est trop, sans que nous en prissions conscience suffisamment tôt, la douce chaleur de la matinée se mua, l'après-midi, en une canicule torride. En fin de journée le mal était fait, la plante du salon avait eu si chaud qu'elle tirait la langue et que ses feuilles étaient grillées. Cédant à une impulsion, je lui envoyai du jaune immédiatement. Et, le lendemain, à part des feuilles séchées dont il fallut la débarrasser, je ne constatai aucun changement. Mais je persévérai. À petites doses, un peu tous les jours je lui envoyai du jaune. Au bout d'une semaine, elle avait relevé la tête et elle avait commencé à faire pousser de nouvelles feuilles. En très peu de temps, mon souhait de la sauver fut exaucé et elle retrouva son apparence initiale.

LES SEPT CORPS ET LES NIVEAUX VIBRATOIRES

La notion de septénaire a été avancée par Helena Blavatsky dans son livre « *La doctrine secrète* », et elle a été explicitée par ses continuateurs, notamment par Annie Besant qui dans son livre intitulé « *L'homme et ses corps* » propose une étude détaillée du corps physique et des corps subtils. Mais si Annie Besant a le mérite de présenter ces différents corps, il s'avère que, depuis, la société a évolué et la connaissance a progressé. Toutefois, si par certains côtés son propos demande à être réactualisé pour être mis en adéquation avec les problématiques actuelles, son contenu demeure pertinent. Dans son exposé elle montre le lien qui existe entre chaque corps et le plan de la Création correspondant, allant jusqu'à dire par exemple que le corps mental est constitué de la même matière que le plan mental lui-même, ce qui crée un lien très fort entre chacun des plans et le corps subtil qui lui correspond, ce qui nous permet d'y accéder. Mais, si elle souligne que le travail d'évolution personnelle tonifie et même structure les corps subtils, elle ne mentionne pas ses effets sur le niveau vibratoire. Cette approche n'était pas en vigueur à son époque. L'état des connaissances actuelles montre que ce travail personnel d'évolution a pour effet d'augmenter le niveau vibratoire, ce qui se vérifie de façon pragmatique par les mesures sur l'échelle de Bovis, mais également par le développement, un peu empirique il est vrai, d'appareils de mesure capables d'apprécier des vibrations de plus en plus fines. Malgré le nombre d'expériences de ce type que j'ai pu identifier, aucune à ce jour ne s'est érigée en référence, c'est pourquoi je n'en cite pas.

Quoi qu'il en soit, le travail personnel permet d'élever notre niveau de conscience. Et nous constatons que notre niveau vibratoire s'élève proportionnellement à notre niveau de conscience. Cette élévation de notre niveau vibratoire nous permet de positionner nos vibrations personnelles au même niveau que celles des plans subtils, progressivement, l'un après l'autre.

Cette mise à niveau de notre niveau vibratoire personnel avec celui des plans subtils nous permet, outre de les explorer et d'en prendre connaissance, d'agir en conscience depuis ces plans.

Pour mémoire, selon le mouvement théosophique, nous sommes dotés de sept corps dont je rappelle les noms pour mémoire :

Corps physique
Corps éthérique
Corps astral
Corps mental
Corps causal
Corps bouddhique
Corps atmique

Cette codification très précise n'est pas facile à expérimenter concrètement dans notre vécu quotidien, toutefois le fait que nous soyons plus qu'un simple corps physique se vérifie lorsque nous allons acheter notre pain. Si la personne qui attend derrière nous se tient trop près, nous sentons sa présence sans même nous retourner. Et si elle approche encore plus près, mais sans nous toucher, sa présence devient franchement dérangeante.

Un système à sept corps semble cohérent, surtout si on le met en perspective avec les sept chakras principaux, avec les sept niveaux de conscience et avec les sept étages de la Création.

Un peu à l'image des poupées gigognes nos corps se contiennent les uns les autres. Le corps éthérique est positionné tout autour du corps physique, tandis que les autres corps sont positionnés de façon concentrique, un peu comme des poupées gigognes, à l'intérieur du corps physique. La zone de séparation entre un corps et un autre n'est pas franche, deux corps consécutifs s'interpénètrent sur quelques centimètres de façon à permettre un échange d'énergie et un échange d'informations.

Il arrive que l'on ressente les corps subtils à l'intérieur du corps physique lorsque, en méditation, on se sent « centré ». Ce ressenti fait suite à l'augmentation du niveau vibratoire des corps subtils sous l'effet de l'état de méditation profonde.

Notre corps physique est le plus dense, le corps éthérique l'est un peu moins, le corps astral encore moins, etc. ... Il est possible de voir le corps éthérique avec nos yeux physiques, mais il faut avoir un regard exercé. J'ajoute qu'il est important de maintenir le corps physique en bon état de fonctionnement afin que les énergies puissent circuler librement et ainsi éviter tout désagrément. Le système à sept corps forme un ensemble dont la base est constituée par le corps physique. D'où l'intérêt d'en prendre soin. Je ne m'étends pas sur ce sujet qui est traité par la médecine et par toutes les disciplines qui traitent du bien-être.

Le corps éthérique est positionné autour du corps physique, il joue en quelque sorte le rôle de filtre entre le physique et l'Univers. Son rôle est primordial lors des soins énergétiques parce que, en qualité de filtre, il s'imprègne de toutes les négativités, celles qui nous agressent de l'extérieur et celles que nous fabriquons nous-mêmes. Tout déséquilibre s'installe dans le corps éthérique avant de devenir sensible sur le plan physique et de se manifester sous la forme de désordres physiologiques. Le corps éthérique est un filtre entre le corps physique et le monde extérieur. Comme tout filtre, il s'encrasse et doit être nettoyé.

Le corps éthérique est le corps de l'intuition.

Le corps éthérique est le corps le plus proche de notre corps physique et il est souvent malmené alors que nous avons grand intérêt à en prendre soin.

Il subit des agressions qui viennent de l'intérieur ou de l'extérieur. Si nous avons le mauvais penchant de râler tout le temps, de toujours tout voir en noir, de tout critiquer, nous émettons autour de nous des informations de fréquences basses qui plombent notre corps éthérique, il devient moins lumineux, il vire au gris terne, il rayonne moins, sa taille diminue. Par contre des pensées lumineuses, positives, joyeuses, des pensées d'amour le renforcent et le font vibrer plus intensément, ce qui est souhaitable parce que le corps éthérique agit comme un bouclier contre les agressions extérieures. Il va sans dire que si le bouclier est solide, nous sommes mieux protégés que si le bouclier est défaillant. Qui n'a pas entendu quelqu'un se plaindre « je suis fatigué et j'attrape tous les microbes ».

Dans une autre approche, un corps éthérique devient plus poreux aux effets nocifs que nous avons amenés de nos vies passées dans les bagages du corps astral. Il est une mémoire de premier niveau qui retient nos expériences, nos émotions, nos aspirations. Lorsque ces informations sont suffisamment marquées, elles se propagent vers le corps astral et les autres corps et nous les retrouverons dans notre ou nos vies futures.

Une opération du corps physique se retrouve dans le corps éthérique : une incision physique entraîne une coupure éthérique. Une forte émotion risque de déplacer le corps éthérique alors qu'il devrait être harmonieusement réparti autour du corps physique. J'ai vu récemment une personne qui, à la suite d'une émotion qui l'avait stupéfaite, avait un corps éthérique « rentré » dans le plexus solaire, comme si elle avait reçu un coup de poing symbolique dans l'estomac. Sur une jeune dame, j'ai vu un corps éthérique très bas au-dessus de la tête, et comme coupé au couteau. J'ai appris ensuite que cette personne prenait des drogues dures depuis quelque temps. Sur une autre dame, je n'en ai pas cru mes yeux lorsque, au-dessus de sa tête, j'ai vu son corps éthérique organisé en centre d'énergie surmonté d'une pique, exactement comme ce que l'on peut voir sur certaines statues du Bouddha. Cette dame méditait depuis plusieurs années.

Le corps éthérique est un marqueur de ce que l'on est et de ce que l'on fait et un protecteur de notre corps physique, c'est pourquoi il mérite toute notre attention.

L'Ayurveda enseigne que les déséquilibres qui affectent notre physiologie connaissent sept niveaux d'intensité. Les cinq premiers passent inaperçus, le sixième niveau est pathologique et le septième est fatal. Il s'avère que les cinq premiers niveaux de déséquilibre sont présents dans le corps éthérique sans que nous en ressentions les effets dans notre corps physique. Il va de soi qu'une action curative sur le corps éthérique revêt un caractère préventif pour notre corps physique.

Le corps astral est le véhicule qui nous permet d'aller visiter le monde astral, et en particulier d'accéder aux annales akashiques qui se trouvent dans cette couche de la Création. Le corps astral est également appelé corps émotionnel. Son rôle dans les soins énergétiques est également déterminant. En effet, toute émotion forte se plante dans ce corps, traverse le corps éthérique sous la forme d'une flèche et vient perturber le fonctionnement de tel ou tel organe physique jusqu'à créer une pathologie.

Certains témoins racontent que, au moment du décès d'un individu, ils ont vu avec leurs yeux physiques le corps astral (même s'ils ne l'appellent pas comme ça) quitter le corps physique. (À ce propos je considère que c'est l'âme qui rend le corps et non l'inverse « Il a rendu l'âme » n'est pas une expression qui reflète la réalité. Il faudrait plutôt dire « L'âme a rendu le corps »). Le fait que ce corps puisse être vu spontanément avec les yeux physiques confirme bien son existence matérielle.

Les limites du corps astral se superposent approximativement avec celles du corps physique.

Le corps astral est le corps de l'invisible et de l'émotion.

Le corps physique, le corps éthérique et le corps astral se situent au niveau de la matière. C'est pourquoi ils peuvent être vus et touchés.

Au-delà du corps astral, les vibrations sont tellement subtiles que les capacités de notre corps physique sont incapables de les percevoir.

Ces quelques phrases écrites par Annie Besant décrivent une particularité du fonctionnement du plan astral trouvant une application directe dans notre problématique de réalisation des désirs : « *Ce ne sont donc, à travers tout le monde astral, que changements incessants sous l'impulsion des pensées ; et le corps astral de l'Homme, composé de substance astrale, participe à cette sensibilité et vibre en réponse à toute idée qui le frappe, qu'elle soit reçue de l'extérieur, des autres hommes, ou venue de l'intérieur par le mental individuel* ».

Le corps mental se situe à la frontière entre le domaine de l'âme et celui de la matière. Il peut être considéré comme le corps de l'intellect.

Annie Besant considère que les pensées nous viennent de l'extérieur et que, parfois, nous les enrichissons, ce qui constitue notre puissance créatrice. Elle dit qu'il est possible de développer ce pouvoir créatif moyennant un entraînement. « *Ainsi vous déterminerez tout d'abord le genre de pensées qui seront autorisées à séjourner en votre esprit. Chaque fois qu'il se présente une pensée que vous jugez bonne ; concentrez sur elle toute votre attention, nourrissez-la, fortifiez-la, faites qu'elle soit plus riche après son séjour chez vous, et envoyez-la, comme une force bienfaisante, dans le monde astral. Quant aux pensées mauvaises, chassez-les avec toute la rapidité imaginable* ». Sans la nommer, mais cette dénomination n'existait pas à son époque alors que son principe est éternel, elle ajoute que la stimulation des bonnes pensées entraînera toujours plus de bonnes pensées, alors que les pensées indésirables seront repoussées sous l'effet d'un phénomène de répulsion. « *Le corps astral prendra donc l'habitude caractéristique d'attirer, de l'atmosphère environnante, toutes les pensées qui sont bonnes et d'y repousser celles qui sont mauvaises ; il élaborera les bonnes pensées et les rendra plus actives, s'enrichissant lui-même, d'année en année, de toute la masse des matériaux mentaux ainsi accumulés* ».

Elle ajoute que cette éducation de la pensée enrichit et structure le corps mental, et cette connaissance demeure acquise, pour le séjour dans l'au-delà, mais également pour la vie suivante et pour celles d'après.

Le corps causal est le véhicule du karma, mais également de l'intention. Le corps causal et le corps bouddhique sont rattachés à l'âme.

Le corps bouddhique est le corps des êtres éveillés parce qu'ils ont dépassé le karma.

Le corps atmique est le corps de l'esprit. Il est aussi appelé corps de lumière, il est le corps de l'absolu.

Il s'avère que chacun des corps est l'outil adéquat pour explorer le niveau de la Création avec lequel il est en affinité. C'est ainsi que le corps atmique permet d'explorer le niveau de la conscience éternelle non manifestée.

Les deux premiers corps (le corps physique et le corps éthérique) se dissolvent après le décès, lorsque la force vitale les a quittés. Les cinq corps suivants perdurent après le décès. En conséquence, lorsque la parcelle de conscience que nous incarnons s'installe, dans la partie de la Création accessible par les corps causal et bouddhique, puis par le corps atmique, la réincarnation n'est plus nécessaire.

À la naissance, c'est-à-dire lors de l'incarnation, ces cinq corps s'incarnent dans un corps éthérique et un corps physique, c'est ce qui explique que, lorsque nous arrivons ici-bas, nous ne sommes pas « tout neuf ». Nous héritons des expériences et des acquis heureux ou pas, positifs ou pas, que nous transportons dans cette vie-ci afin de pouvoir continuer notre travail d'évolution.

Cet échange d'énergie entre les corps permet l'éveil. Lorsque le méditant a repris contact avec la conscience absolue, son corps atmique rayonne de ce niveau vibratoire qu'il transmet vers le corps bouddhique, lequel le transmet vers le corps causal, etc. ... jusqu'à la physiologie où ce brusque changement vibratoire a pour effet de provoquer une montée de la kundalini le long de Shushumna, d'Ida, de Pingala puis dans tous les nadis et dans tout le système nerveux.

En matière de réalisation des désirs, ce sont surtout les corps astral, mental et causal qui retiennent notre attention. Si le désir a pour but de nous guérir d'une addiction ou de nous faire acquérir une qualité, notre action pour réaliser ce désir agit sur la mémoire véhiculée par ces corps de vie en vie, soit pour l'effacer soit pour l'enrichir positivement.

Les corps apparaissent comme les supports qui hébergent chaque étape de la réalisation des désirs.

Le corps bouddhique manifeste une intention. Cette intention devient une cause prise en compte par le corps causal. Cette cause devient une idée au niveau du corps mental. Le corps mental est le corps de l'intellect. Cette idée se manifeste au niveau subtil dans l'astral sous la forme d'une matérialisation virtuelle ou d'une émotion. Cette manifestation traverse le corps éthérique avant de se matérialiser sous forme d'une action ou d'un phénomène physique.

Ainsi, lors de la réalisation d'un désir, l'intention est primordiale, et il est nécessaire de l'exprimer au niveau le plus élevé possible. C'est ce qui explique que la méditation est un outil précieux et performant. Dans un premier temps la méditation permet d'explorer les vastes champs de l'astral. Puis, progressivement, elle permet à la conscience de se positionner au niveau de l'âme et de l'esprit, jusqu'à transcender l'intellect et le karma. À terme une connexion s'établit avec l'esprit qui finit par être en prise directe avec la matière. Cette capacité s'explique par le fait que la méditation provoque un état de conscience particulier.

LES SEPT NIVEAUX DE CONSCIENCE

Selon Maharishi Mahesh Yogi, il existe sept états de conscience
-L'état de veille
-Le sommeil profond
-Le rêve
-La méditation
-La conscience cosmique
-La conscience divine
-La conscience de l'unité

Les quatre premiers états de conscience sont générés par les différentes combinaisons de l'état de veille et de l'état de conscience (dans le sens de vigilance) ou inconscience.

	Pensée	pas de pensée
Conscience	état de veille	méditation
pas de consience	état de rêve	sommeil profond

En état de veille, nous sommes conscients et sommes assaillis par un grand nombre de pensées.

Mais il est possible d'avoir beaucoup de pensées sans être conscient, c'est ce qui se produit pendant le sommeil lorsque nous rêvons. Et, lorsque nous atteignons l'état de sommeil profond, les pensées s'arrêtent et nous ne sommes pas conscients.

Le tableau ci-dessus montre qu'il existe un quatrième état de conscience durant lequel nous ne pensons pas et pourtant nous sommes conscients : il s'agit de l'état de méditation.

Cet état de conscience nous propulse vers des niveaux vibratoires très élevés et est très utile en matière de réalisation des désirs parce qu'il permet d'émettre une intention à un niveau très élevé.

En état de méditation, nous nous sommes affranchis de la barrière de l'intellect, nous sommes en prise directe avec les mondes subtils. C'est l'occasion rêvée d'émettre notre désir. J'explique plus loin qu'il est préférable d'émettre un désir soit pendant la méditation, soit juste après.

LES SEPT CHAKRAS PRINCIPAUX

Pour l'exprimer de façon triviale, on peut considérer que les chakras sont des canaux de communication entre nos différents corps, mais également entre nos corps et l'Univers.

En situation idéale, les chakras sont des centres d'énergie qui tournent harmonieusement sur eux-mêmes, ce qui permet d'échanger des informations dans les deux sens entre l'Univers extérieur et notre Univers personnel.

Le fait que cette communication s'effectue dans les deux sens est primordial et doit être gardé présent à l'esprit. Si l'on considère le troisième œil par exemple, il s'avère que, lors d'une séance de voyance, ce chakra permet de capter des informations non manifestées dans la matière, et permet également de prodiguer des soins en transmettant des vibrations à vocation curative vers la personne que l'on souhaite soutenir.

Lorsque l'on avance que les chakras sont au nombre de sept, il s'agit d'une affirmation erronée. Les sept chakras en question sont les chakras principaux, mais il en existe un certain nombre d'autres.

Pour mémoire, voici les principales caractéristiques des sept chakras principaux.

Chakra	Nom sanscrit	Repré-sentation	Couleur	Partie du corps
Racine	Muladhara	Lotus à 4 pétales	Rouge et noir	Jambes, pieds
Sacré ou Hara	Svadhistana	Lotus à 6 pétales	Orange	Zone lombaire et abdominale
Plexus solaire	Manipura	Lotus à 10 pétales	Jaune	Système digestif
Cœur	Anahata	Lotus à 12 pétales	Vert et Rose	Zone thoracique
Gorge	Vishudda	Lotus à 16 pétales	Bleu ciel	Gorge, bras et mains
3ème œil	Ajna	Lotus à 96 pétales	Indigo	Visage
Coronal	Sahasrara	Lotus à 1000 pétales	Violet et blanc	Cerveau

Lorsque nous émettons un désir depuis notre cerveau physique, l'information est transmise à nos corps subtils et jusqu'aux plans éthérés de la Création par le canal des chakras. La réciproque est vraie, une intervention au niveau subtil est canalisée vers le niveau physique par le biais de ces mêmes chakras.

Il est courant de considérer que les sept chakras principaux sont rattachés à différents plans qui vont de la matière pour le chakra racine au spirituel pour le coronal. Cette considération est exacte, mais incomplète. Chaque chakra agit comme un microcosme qui certes a une vibration principale, mais qui pourtant vibre également sur tous les autres plans. Dans la nature, tout ce qui existe vibre sur chacun des plans Physique, Émotionnel, Mental et Spirituel (PEMS). Et les chakras ne font pas exception. C'est ce qui explique qu'un chakra puisse être rééquilibré avec une couleur qui n'est pas sa couleur de prédilection. De même, lorsque l'on procède à un soin énergétique en lien avec un chakra, il convient de commencer par investiguer afin de déterminer l'état du chakra considéré sur chacun de ces quatre niveaux.

Les chakras ont différentes fonctions sur les différents niveaux PEMS. Par exemple, le chakra racine a une fonction éminemment spirituelle puisque la tradition en fait le siège de la kundalini. A contrario, le troisième œil a une fonction physique puisqu'il est concerné en cas de sinusite. Mon but n'est pas d'écrire un traité sur les chakras, je rappelle juste leurs fonctions les plus couramment admises.

Les trois premiers sont en lien avec la réalité, le matériel, la solidité, l'ancrage, l'efficacité. Le chakra racine parle d'appartenance, l'appartenance au clan, à la tribu, au groupe, à la famille. Il concerne tout ce qui est viscéral et il se mêle de la sexualité sous son aspect instinctif parce qu'il a un rapport avec l'analité. Dans un autre registre, il intervient également dans toutes les affaires qui concernent nos intérêts matériels et financiers.

Avec le hara, nous restons dans le matériel, mais sous l'aspect de la possession. L'aspect sexuel est également présent. Et l'aspect financier aussi. Mais ces sujets n'ont plus ici de connotation instinctive.

Le plexus solaire parle d'attachement. Il s'agit toujours de matériel, mais dans le sens d'attachement matériel, attachement aux objets, aux gens, aux possessions avec la connotation émotionnelle si caractéristique de ce chakra.

Le chakra du cœur est le chakra de l'amour. Une distinction importante doit être soulignée. Le plexus solaire concerne les émotions, tandis que celui du cœur concerne l'affection. L'amour bien sûr, mais également l'amitié.

Le chakra de la gorge concerne l'oralité, la communication, les échanges. Cette fonction est beaucoup plus importante qu'il n'y paraît. On se rend compte que beaucoup de nos contemporains ne parviennent pas à s'exprimer correctement et librement, ce qui est la source de pathologies. Je rappelle que les chakras fonctionnent également dans les deux sens. Si une communication refoulée est problématique, à force « d'avaler des couleuvres » des problèmes risquent également de survenir.

Les fonctions des deux derniers chakras ont une tonalité spirituelle. La voyance est souvent la seule fonction que l'on retient pour le troisième œil. Mais, comme tous les autres chakras, il en a bien d'autres. Nous pouvons par exemple envoyer des vibrations vers un objet ou une personne à partir de notre troisième œil.

Le Coronal a la fonction la plus spirituelle. C'est par ce chakra que nous recevons des vibrations de l'Univers.

Il est inutile que je fasse ici de longs rappels à ce propos. Par contre, je souhaite illustrer par des exemples le rôle que jouent les chakras lorsque l'on souhaite agir sur la matière, en l'occurrence sur le corps physique.

Lors d'une réunion de notre groupe de travail, j'avais proposé un petit exercice de sensibilisation à la « palpation » du corps éthérique. Je m'étais moi-même prêté au jeu. Quelle ne fut pas ma surprise de constater une déformation importante du corps éthérique de la personne avec qui je travaillais en binôme ! Au niveau du plexus solaire, le corps éthérique était comme « rentré » dans le corps physique. Aussitôt je supposai qu'elle avait subi un important choc émotionnel, ce qu'elle me confirma avec une pointe d'émotion. J'eus l'impression qu'elle avait reçu un coup de poing symbolique dans l'estomac. D'où l'expression.

Je me livrai aussitôt à un soin vibratoire pour amener le corps éthérique à reprendre une configuration à peu près normale. Par honnêteté je précise que le trouble était si violent qu'il fallut plusieurs séances pour rétablir une certaine harmonie. Mais il fallait agir vite de crainte que ce déséquilibre ne devienne pathologique.

Plus récemment, je me suis trouvé en situation de donner des soins vibratoires dans un salon de bien-être. Le principe est simple, les chalands intéressés s'arrêtent sur le stand, donnent leur obole et, en échange, reçoivent un soin consciencieux, sérieux, mais rapide. C'est la règle du jeu. C'est ainsi que, parmi un grand nombre de personnes, j'ai reçu une dame, relativement jeune, sur qui j'ai noté un dysfonctionnement sur le chakra racine et sur le chakra sacré (le hara). Ils ne tournaient pas sur eux-mêmes. Ils étaient entièrement bloqués. Je me suis évertué à les faire redémarrer, mais il aurait fallu plus de temps. J'ai fait ce que j'ai pu dans le temps imparti.

À la fin de la séance, il était de mon devoir de la prévenir du risque de pathologie que cette situation risquait d'engendrer. Mais elle était déjà au courant. Elle me dit qu'elle souffrait de plusieurs TOC en relation avec ces deux chakras. Je ne suis pas médecin, je n'ai aucune idée de ce que cela peut signifier en termes de désordres physiques voire de pathologies, mais j'ai regretté de ne pas pouvoir l'aider davantage.

L'ÊTRE HUMAIN, L'ÉNERGIE VIBRATOIRE ET L'UNIVERS

Comment communiquer avec l'Univers

Dans la modélisation de l'Univers que j'ai exposée ci-dessus, le niveau le plus haut est le siège de la conscience universelle qui a la particularité d'être silencieuse, éternelle et non manifestée. Le processus de Création traverse les différentes couches, depuis la couche la plus élevée jusqu'au plan de la matière. Ce processus repose sur une intention initiale. Cette intention a pour effet d'animer la conscience universelle qui génère une impulsion ou une inspiration. Cette inspiration produit un sentiment et une pensée. La pensée motive une action et l'action agit sur la matière ou en tous cas sur le monde manifesté.

Pour mémoire, l'être humain est l'incarnation d'une parcelle de conscience détachée de la conscience universelle. À ce titre il est capable d'accéder à la conscience universelle et il est légitime pour lui insuffler une intention afin de provoquer un résultat sur le plan de la matière.

Toutefois il existe un bémol. La conscience humaine incarnée « vibre » sur le plan de la matière. Et, afin de pouvoir agir sur la conscience universelle dans de bonnes conditions, il faut que le niveau de conscience individuel s'élève jusque là. D'où la nécessité de travailler sur le niveau vibratoire. En effet, plus le niveau vibratoire augmente et plus le niveau de conscience s'élève. La réciproque est vraie.

L'expérience des fentes

Cette expérience fut réalisée pour la première fois par Thomas Young en 1801. Un canon à électrons émet des électrons vers un écran. Mais entre les deux on place une plaque métallique dans laquelle on a percé deux petites fentes très rapprochées. On pourrait s'attendre à trouver sur l'écran la silhouette des deux fentes. Or il n'en est rien. L'écran présente des faisceaux très réguliers. Les scientifiques parlent d'un phénomène de diffraction qui montre que, derrière la plaque métallique, les électrons s'organisent en ondes, un peu comme les vagues de l'océan, avant de venir percuter l'écran de réception. Ils en tirent la conclusion que les électrons sont à la fois onde et particule. De Broglie, un autre physicien, a montré que ce ne sont pas uniquement les électrons qui sont à la fois ondes et particules, mais tout ce qui est matériel. Par extrapolation, les termes « onde » et « vibration » étant sensiblement synonymes, il est permis d'affirmer que, dans la Création, tout est vibration.

Cette expérience met en évidence que les électrons se recherchent, se rassemblent et s'organisent. **Il s'agit d'une illustration scientifique de la loi de l'attraction.**

Dans un second temps, si on règle le canon à électrons pour qu'il ne propulse qu'un seul électron à la fois, on découvre également un phénomène de diffraction, c'est-à-dire que l'électron est passé par les deux fentes à la fois et qu'il a interféré avec lui-même en se comportant comme une onde. Les physiciens quantiques expliquent qu'il existe une probabilité pour que l'électron passe par une fente et une probabilité pour qu'il passe par l'autre. Comme à la sortie il y a eu interférence, l'électron s'est comporté comme si ces deux probabilités s'étaient réalisées en même temps, c'est pourquoi ils parlent de superposition de ces deux états. Cette notion a inspiré l'expérience de Schrödinger à laquelle je fais référence ci-dessous.

Mais les scientifiques ont observé un phénomène troublant. Dès que, à un instant t de l'expérience, un observateur fait une mesure de position de l'électron, c'est-à-dire dès qu'il observe à quel endroit il se trouve, l'interférence disparaît. Cela implique que l'électron passe par une fente et une seule.

En d'autres termes, le seul fait de l'observer affecte l'expérience. Par extrapolation, il suffit que l'être humain existe pour qu'il influence son environnement. D'où l'idée de tirer parti de ce constat **pour orienter la Création en conscience vers le but que l'on souhaite provoquer**.

Le chat de Schrödinger

On ne sait pas d'où vint l'inspiration de Schrödinger, mais il présenta cette expérience lors d'une conférence en utilisant la métaphore d'un chat. Si on enfermait un chat vivant dans une boîte étanche, avec dans cette boîte un dispositif aléatoire au déclenchement capable de tuer l'animal, comme il n'existait aucun moyen d'observer ce que se passait à l'intérieur de la boîte, à un instant t, le chat pouvait être vivant ou mort. C'est-à-dire qu'il y a superposition d'états. Pour l'anecdote, je mentionne que cette expérience fut reprise avec beaucoup d'humour par une affiche précisant que l'on recherchait le chat de Schrödinger, vivant ***et*** mort.

Cette expérience montre que, à tout moment, deux (ou beaucoup plus) réalités sont possibles. Et, si les scientifiques se cassent la tête avec l'étude des superpositions d'états, en matière de réalisation des désirs **il suffit de choisir l'état que l'on souhaite en faisant en sorte qu'il se produise**. En l'occurrence, je préfère un chat vivant, c'est pourquoi il suffit d'ouvrir la boîte de Schrödinger avant que le dispositif mortel ne se déclenche.

La bande passante et les vibrations

J'ai donné des indications sur l'organisation de l'Univers et sur son fonctionnement, mais en complément, je souhaite rappeler que l'être humain est partie prenante de la Création. Il entretient une communication permanente avec l'Univers. Mais on peut s'interroger sur la nature de cette communication.

Voici quelques années, j'ai eu une élève qui se plaignait de constater que plus elle méditait et plus ses perceptions de voyance autrefois très nombreuses, diminuaient. À l'époque je ne savais que lui répondre. Mais son interrogation m'amena à une meilleure compréhension de la composition de ce que je me mis à qualifier d'un vocable moderne, à savoir la bande passante.

L'observation me permit rapidement de constater que la bande passante entre l'être humain et l'Univers fonctionne dans les deux sens et qu'elle est composée, dans des proportions variables selon les individus, d'énergie et d'informations.

Comment expliquer par exemple que Beethoven ait pu composer tant de chefs-d'œuvre alors que son audition était déficiente ? Il est permis de considérer que son état de conscience était connecté avec les plans subtils, en particulier avec le plan des sons qui jouxte le nôtre. La remarque est valable également pour Mozart qui commença à composer dès son plus jeune âge. Cette « inspiration » hors du commun se prolongea durant toute sa vie. Et je demeure troublé par son « Requiem » que beaucoup qualifient de musique angélique. Ce qui a de quoi nous interpeller lorsque l'on sait qu'il fut composé alors que Mozart était très malade et qu'il approchait de sa fin. Cette situation donne l'impression que sa conscience était déjà un peu partie vers des plans subtils alors que son corps physique était encore présent et capable de transcrire en langage musical les impressions qu'il percevait sur le plan des sons.

Ce qui est valable pour la musique se vérifie également dans à peu près tous les domaines, celui de la science par exemple. L'histoire (ou la légende) rapporte qu'Isaac Newton eut l'inspiration de la théorie de la gravitation en voyant tomber une pomme pendant qu'il faisait la sieste sous un arbre et non pas en se prenant la tête dans les mains au cours d'une séance d'intense réflexion.

J'ai l'impression que le contenu des informations qui transitent par cette bande passante dépend autant de la personne qui les reçoit, de ses capacités et de ses centres d'intérêt que du secteur de la Création d'où émanent ces informations. Si les musiciens reçoivent leur inspiration depuis le plan des sons, on constate que les médiums par exemple sont en communication avec le plan de l'astral tandis que les mystiques établissent des liens avec les plans angéliques.

Ce phénomène n'est pas réservé aux grands artistes, aux grands penseurs ou aux êtres d'exception. La bande passante déverse sur nous une grande quantité d'informations en relation avec nos préoccupations. Une petite technique très répandue veut que, si on s'endort avec une interrogation, il soit fort probable que, le matin, nous en aurons la réponse.

L'observation montre que si la bande passante véhicule des informations, elle transmet également de l'énergie. L'énergie est liée à la vie. Dans ce cas je la qualifie de force vitale. Au tout début de l'existence, c'est la force vitale qui s'incarne avec la conscience pour permettre la vie. Et, lorsque la force vitale se retire, la vie n'est plus possible et le corps physique est abandonné, et son double éthérique également.

Cette même énergie est utilisée sous le nom d'énergie de l'Univers par les techniques de soins vibratoires comme le Reiki. Le praticien capte l'énergie de l'Univers, il la canalise et il la focalise vers la partie du corps à soigner ou vers un but mental, émotionnel ou spirituel.

Pour en revenir à mon élève qui était déçue de constater que ses flashs de voyance avaient tendance à disparaître, j'ai pu me rendre compte que la méditation a pour conséquence (mais pour certains c'est un but) d'élever le niveau de conscience (et donc le niveau vibratoire). Ainsi le méditant assidu voit sa bande passante se brancher à des niveaux de plus en plus subtils.

En conséquence, les informations qu'elle véhicule changent. Et l'intensité du signal également. Sur le schéma de modélisation de l'Univers que je présente plus haut, j'ai fait figurer au centre une sinusoïde dont l'amplitude est bien marquée sur le plan de la matière, mais qui est infime sur les plans les plus élevés. Ce qui explique que les informations bien nettes et bien formalisées reçues au début perdent en fréquence et en intensité jusqu'à quasiment disparaître. Ainsi, une connexion de la conscience vers les plans de la Création proches du nôtre s'accompagne de l'acheminent potentiel de beaucoup d'informations par le biais de la bande passante, tandis que, lorsque la conscience est connectée avec les plans de plus en plus subtils, la bande passante ne véhicule quasiment plus d'informations, seulement de l'énergie.

C'est bien triste me direz-vous. Pas vraiment. C'est juste différent.

En effet, si un niveau vibratoire élevé s'accompagne d'un silence radio de la bande passante, à tout moment il est possible d'aller chercher ou de demander à l'Univers de nous communiquer les informations dont nous avons besoin.

Comme j'ai le choix, je choisis de mettre dans la bande passante ce qui m'intéresse pour que l'information et/ou l'énergie que j'ai mises dans la bande passante suivent le processus de Création afin de matérialiser ce que je souhaite.

Au lieu d'attendre de recevoir des flashs de voyance spontanés, mon élève apprentie méditante aurait dû demander à recevoir des informations sur tel ou tel sujet, en fonction de ses préoccupations du moment.

Un petit élément de complexité s'ajoute à ce sujet délicat. Prenons un cas d'école. La Création est organisée en sept niveaux. Imaginons un sujet témoin dont la conscience est reliée au niveau quatre. En matière de réalisation des désirs, son libre arbitre lui permet de décider de l'action qu'il souhaite mettre en œuvre pour agir sur les niveaux un à quatre. Par contre, s'il souhaite agir sur les niveaux supérieurs, il est obligé de demander, ce qui renvoie à la notion de prière.

Le problème vient du fait qu'il est impossible objectivement de déterminer à quel niveau notre conscience est capable de se connecter. S'il est bon de garder cette nuance présente à l'esprit, il est possible de s'affranchir des contraintes qui pourraient en découler en faisant suivre la formulation de toute demande par une expression telle que « ...pour le plus grand bien de tous et en harmonie avec l'Univers ».

Cette notion de bande passante est un outil performant qui nous permet de recevoir des informations et de l'énergie. Mais dans l'Univers tout fonctionne dans les deux sens. En d'autres termes, comme je l'indiquais plus haut avec l'expérience réalisée sur les électrons, pour l'être humain, le seul fait d'exister porte à conséquence quant à son environnement. En extrapolant, on peut avancer que l'être humain agit sur la Création. D'où l'idée de peser sur la Création, chacun à son niveau, afin de lui donner la tournure que l'on souhaite.

Et, au terme des commentaires que je viens d'exposer, il apparaît que, plus le niveau de conscience, c'est à dire le niveau vibratoire, est élevé et plus l'être humain a de liberté et d'autonomie pour donner à la Création, c'est-à-dire à l'échelle individuelle, à sa propre destinée, la tournure qu'il souhaite.

Afin d'illustrer la façon dont s'établit la communication entre l'être humain et l'Univers, voici quelques réflexions sur un sujet que je qualifie de communication avec les guides. Dans ce contexte, et selon la sensibilité de chacun, le terme de « guides » peut être considéré comme une personnalisation des principes de l'Univers, mais également comme la communication avec des êtres bien réels, mais non incarnés, comme les défunts par exemple.

Comment communiquer avec les guides

De nos jours, dans certains milieux, on entend des phrases telles que « les guides me l'ont dit » ou « je vais demander à mon guide » ou autres. Outre le snobisme sous-jacent à une telle attitude, la communication avec les guides est un sujet qui nous interpelle. Mais il ne faut pas s'attendre à discuter avec notre guide comme on le fait avec un pote lorsque l'on commente le match de foot de la veille près de la machine à café. On ne communique pas avec un guide comme on communique avec un collègue.

Quoique. Je me souviens de cette nuit en Yougoslavie (à l'époque). Je me rendais à une importante réunion spirituelle. J'étais arrivé la veille. Et, le soir, après m'être couché, alors que j'étais dans le premier sommeil, j'ai entendu une voix féminine m'appeler par mon prénom. Je dormais bien, je n'avais pas envie de bouger. Mais la voix a insisté. Je me suis réveillé en sursaut. J'ai fait le tour de la chambre d'hôtel. Bien sûr il n'y avait personne. Et je n'ai jamais su ce que la personne à qui appartenait cette voix me voulait.

Mais ce genre de communication est plutôt rare, du moins pour moi.

Les guides disposent de toute une panoplie de moyens pour communiquer avec nous. Lors de l'une de mes toutes premières méditations chamaniques, je me souviens avoir vu devant moi (alors que j'avais les yeux fermés) un homme jeune dont l'image était beaucoup plus précise que celle que mes yeux physiques auraient pu percevoir. Pour employer une expression utilisant le vocabulaire technique et moderne actuel, c'était comme une image en ultra haute définition dont le nombre de pixels était deux à trois fois supérieur aux images de la réalité quotidienne. Ce jeune homme m'a parlé longuement. C'était comme si j'entendais les mots sans qu'il ait eu à les prononcer. À cette époque je débutais et je n'ai pas eu la présence d'esprit de noter ce qu'il me dit. Depuis j'ai tout oublié. Dommage.

Plus tard, lors de méditations chamaniques, j'ai rencontré beaucoup de monde. Et, chaque fois que j'en ai eu l'occasion, j'ai échangé avec ces troublantes, mais magnifiques rencontres de voyage. Ainsi ai-je noté que si, au début, la façon de communiquer était proche de celle que nous utilisons entre humains, au fil du temps elle devint de plus en plus subtile.

À la communication quasi verbale a succédé la période durant laquelle j'échangeais avec les guides par transmission de pensée. C'est de loin celle que je préfère, car elle est claire, ne laisse aucune place au doute, est également légère et rapide. Et elle ne demande que très peu d'énergie. Un vrai confort.

Puis j'ai continué mes voyages et la communication s'est encore affinée. À ce stade j'avais l'impression que les guides ne faisaient plus l'effort de « descendre » jusqu'à mon niveau. Ils s'exprimaient et comme ils se rendaient compte que le message était passé ils n'allaient pas au-delà. Paradoxalement c'est à partir de ce stade que la communication devient moins claire. Parce que, quand une impression vient s'inscrire sur l'écran de la conscience, il faut une bonne dose d'expérience pour faire la différence entre une manifestation créée par nous-mêmes et un message reçu de l'extérieur.

Alors, dans certains cas, les guides sont sympas. Ils nous envoient des images. Les animaux-totems sont coutumiers de cette technique (du moins les miens). Mais gare, souvent l'image est symbolique. À nous de la décrypter.

Je rappelle que ce que je viens de noter concerne la communication avec les guides en état de méditation. Mais la communication est également possible en état de veille. Je pense en particulier aux fameux signes et aux non moins fameuses synchronicités. La moindre des choses est de les remarquer. Soit. Supposons que nous soyons vigilants et capables de remarquer la quantité de signes que nous recevons quotidiennement. Et après ?

Et après rien. Tout dépend de notre état d'esprit. Si tout va bien dans notre vie, les signes peuvent affluer vers nous, il est fort peu probable que nous les remarquions. Par contre, si nous avons une question à résoudre, une décision à prendre, et pour peu que notre sensibilité soit développée, nous accorderons du crédit à ces manifestations qui sont placées sur notre chemin pour nous guider.

Mais, me concernant, je trouve tout aussi efficace, sinon plus, de mettre en œuvre cette particularité de notre corps physique que je nomme par un anglicisme, le « body feeling », mais qui, en français répond au terme de kinésiologie. En cas de doute ou d'indécision, notre corps a la réponse. Apprenons à l'écouter.

Et pour ceux qui ne se font pas confiance, il reste la divination. Les magasins regorgent d'outils divinatoires de toutes sortes. Vu les nouveautés sans cesse renouvelées dans ce domaine, le marché doit être juteux. Sans parler des voyants et médiums dont les salles d'attente ne désemplissent pas. Parce que, pour obtenir des réponses, il est plus facile d'aller demander à quelqu'un plutôt que de se débrouiller tout seul.

Concernant la divination, si l'attitude du consultant est correcte, le message est pertinent, mais souvent très réducteur. Par exemple, si l'on est capable de recevoir un message par transmission de pensée, le guide peut nous donner des explications et des précisions. Si par contre on utilise un outil divinatoire, par exemple le tarot, et que notre réponse est la Papesse. Il faut faire avec, c'est-à-dire aller voir la symbolique de cette lame dans un livre et lire ce que l'auteur en a compris.

Plus sérieusement, en matière de communication avec les guides, je considère que deux attitudes sont possibles.

La première consiste à attendre, c'est-à-dire à mener notre vie tranquillement en nous disant que, si nécessaire, les guides viendront nous donner un message, nous envoyer un signe ou une synchronicité. L'attitude est correcte, mais elle n'est pas très optimisée. En effet, au lieu de considérer que les guides sont là pour nous empêcher de faire n'importe quoi, on peut considérer qu'ils sont là aussi pour nous donner un coup de main. Ainsi, si on veut se lancer dans une entreprise, quelle qu'elle soit, on peut demander aux guides de mettre sur notre route la personne à même de nous aider à réaliser notre projet, leur demander également de nous placer en situation de recevoir l'information qui nous manque, de prendre la décision adéquate ou bien encore de permettre la réalisation du désir que nous avons émis. Les communications que nous leur demandons ne manqueront pas de nous parvenir. Et souvent par le canal pour lequel nous sommes le plus réceptifs : impression ou petite voix dans notre conscience, transmission de pensée, signes, ou même support divinatoire. En synthèse, et pour l'exprimer de façon triviale, il nous est possible de demander aux guides de nous aider à réaliser nos désirs.

Dans son livre « *Maître Reïki malgré moi* », Deb Karpek aborde ce sujet très subtil : « *Je ne saurais trop souligner combien il est important de suivre vos guides et de faire confiance à votre instinct (...). Je dis à mes élèves d'écouter cette voix intérieure qui est différente de celle de votre esprit. Cette voix est votre guide. Pendant des années, je l'ai entendue, mais je me disais que c'était le stupide bavardage de mon esprit agité ou bien l'expression de mon anxiété. Et comme elle disait des choses sans rapport avec mes pensées habituelles, je ne l'ai pas prise au sérieux. Si seulement je l'avais fait ...* »

NÉCESSITÉ D'AUGMENTER NOTRE NIVEAU VIBRATOIRE

Une petite remarque s'impose. J'ai constaté que, souvent, on parle de taux vibratoire. Sans aller jusqu'à penser que l'utilisation de cette formulation dénote une méconnaissance du sujet, il s'avère qu'elle n'est pas appropriée pour désigner le phénomène en question.

L'expression « taux vibratoire » renvoie à un pourcentage, c'est-à-dire à la comparaison d'une valeur avec une autre. Mais ici cette approche n'est pas appropriée. Il est préférable de parler de niveau. Notamment parce qu'on se rend compte que dans certains cas la valeur du niveau vibratoire tend vers l'infini tandis que, dans d'autres, on le découvre négatif.

Selon les approches la valeur du niveau vibratoire est mesurée par des unités différentes. Les scientifiques parlent de hertz tandis que les radiesthésistes et les géobiologues l'expriment en unités Bovis.

La notion de niveau vibratoire a été découverte (ou inventée ?) par les radiesthésistes ou, plus précisément, par un radiesthésiste.

Alfred Bovis (1871 – 1947) se destinait à de longues études, mais le destin l'a contraint à reprendre la quincaillerie familiale à l'âge de 16 ans. Ses centres d'intérêt n'en sont pas moins demeurés vivaces. Il s'est passionné pour l'aviation, l'apiculture, l'élevage des volailles ... Sa curiosité insatiable l'a amené à chercher un moyen de déterminer le sexe des œufs. À cet effet il eut l'idée d'utiliser le pendule. En extrapolant ce procédé, il s'est rendu compte que le pendule réagissait avec moins d'amplitude lorsque les poussins n'étaient pas en bonne santé. Sa tournure d'esprit scientifique lui fit supposer qu'un organisme fatigué émettait moins de rayonnement qu'un organisme en pleine forme.

Mais si ce phénomène est manifeste pour les organismes vivants, qu'en est-il pour les objets inanimés ? Il entreprit un long travail de comparaison, sur les aliments notamment, les fromages, les vins, les huiles.

Afin de quantifier les différences de qualités énergétiques observées, il eut l'idée d'utiliser une échelle graduée. L'échelle de Bovis était née.

Au cours de ses recherches, Alfred Bovis avait établi que toute matière vivante contenait une certaine vitalité qui pouvait être mesurée en Angströms. Il découvrit qu'il en était de même pour mesurer le niveau vibratoire des lieux. Son échelle est devenue une référence en radiesthésie où la mesure des vibrations s'exprime en unités Bovis (unités qui sont donc équivalentes aux Angströms).

Un corps dont le niveau vibratoire est nul est un corps sans vie. Mais cette valeur peut-elle être négative ? Pour les organismes vivants, j'en doute. Par contre pour les lieux, une valeur vibratoire négative est possible. Mais alors il vaut mieux s'éloigner rapidement de tels endroits qui sont mortifères.

Il existe au moins deux bonnes raisons de vouloir augmenter le niveau vibratoire :

La première concerne la loi de l'attraction. Dans la Création les vibrations de même nature se recherchent, s'assemblent, se renforcent.

Ainsi des vibrations basses recherchent des vibrations de même nature, elles s'assemblent, se renforcent mutuellement et attirent toujours plus de négativité. Et, c'est ainsi que, dans notre vie, quand tout part à vau-l'eau, quand nous nous plaignons que tout va mal et ressassons sans arrêt nos problèmes, nous créons les conditions idéales pour que tout aille effectivement de plus en plus mal.

De même, des vibrations élevées recherchent des vibrations qui vont les renforcer et ainsi créer des conditions de plus en plus harmonieuses. Au lieu de se complaire dans la négativité et le découragement, il faut se dire qu'il existe des solutions et que nous allons retrousser nos manches pour réagir et les trouver.

La deuxième raison s'appuie sur les Résonances de Schumann. De nos jours le fait d'affirmer que le niveau vibratoire de notre planète augmente fait consensus. Cette augmentation du niveau vibratoire n'est pas une vue de l'esprit, elle a été prouvée scientifiquement par les Résonances de Schuman.

Même si Georges Francis Fitzgerald en 1893 et Nikola Tesla en 1900 en avaient émis l'hypothèse, cette découverte a été réalisée par le physicien allemand Winfried Otto Schumann dans les années 1950. Les résonances de Schumann sont un ensemble de pics spectraux dans le domaine d'extrêmement basses fréquences (3 à 30 Hz) du champ électromagnétique terrestre, ce que certains nomment le rythme cardiaque de la planète. Ces résonances globales sont excitées par les éclairs et ont été observées dans la cavité comprise entre la surface de la Terre et l'ionosphère.

Tous les organismes vivants interagissent et sont interconnectés avec les ondes électromagnétiques. Et tous les habitants de la Terre ont une vibration qui résonne avec les ondes de basses fréquences émises par les Résonances de Schumann dans l'atmosphère terrestre.

Le point fondamental à mettre en exergue en relation avec ce sujet est lié au fait que les Résonnances de Schumann lorsqu'elles ont été découvertes s'élevaient à 7,8 Hertz. On peut supposer que cette valeur était stable depuis des siècles. Or depuis leur découverte, cette valeur n'a cessé d'augmenter, atteignant des pics à 30 Hertz.

Je ne peux que souligner la concordance de dates entre cette augmentation des Résonances de Schumann et l'avènement de l'ère du Verseau dont j'ai parlé en introduction.

Dès lors le constat est simple : depuis des temps très anciens, l'être humain vivait dans un environnement vibratoirement stable. Or soudain la machine s'emballe et ce niveau vibratoire augmente sans arrêt. La question qui se pose est de déterminer les conséquences d'une telle augmentation des Résonnances de Schumann d'un côté et le risque que ferait courir la stagnation du niveau vibratoire du corps humain de l'autre.

En effet, les changements en cours ont des répercussions sur les êtres qui vivent sur Terre et en particulier sur les humains.

Ces changements ont pour effet de nous rapprocher des plans plus subtils de la Création, ce qui entraîne de nombreuses conséquences :

Développement de certaines capacités : intuition, perception de l'invisible, capacités à soigner, etc. ...

Perceptions subtiles (voyance et médiumnité)

Difficulté à rester centré et concentré (liée au manque d'enracinement)

Fatigue (liée aux fuites d'énergie sur les corps subtils)

Un mal-être diffus entraîné par le fait que les corps subtils sont devenus trop mobiles.

Hypersensibilité nerveuse (liée à l'apparition d'énergies subtiles – prises de conscience de l'existence de chakras insoupçonnés jusqu'alors)

Accélération du temps (liée au lien entre le temps et la matière)

Certes, de nombreux observateurs ont constaté que, lorsque Alfred Bovis a mis au point sa célèbre échelle, le niveau vibratoire d'un être humain en bonne santé s'élevait à 6500 UB (Unités Bovis). De nos jours ce niveau s'établit à environ 14000 UB.

Il apparaît que, de toute façon, le seul fait d'être incarné sur cette planète entraîne *ipso facto* une augmentation du niveau vibratoire du corps physique.

Mais adopter une attitude passive qui entraîne une sorte de soumission aux circonstances n'est pas satisfaisant lorsque l'on souhaite assumer nos responsabilités de co-créateurs de notre destinée. Nous avons tous un niveau vibratoire dont nous sommes responsables.

Un niveau vibratoire élevé nous rend optimistes, positifs, heureux, nous permet de nous épanouir, nous maintient en bonne santé.

Un niveau vibratoire bas nous rend sensibles au stress, au pessimisme, nous empêche de prendre en main notre destinée, nous rend vulnérables aux maladies.

Ce qui incite à œuvrer pour augmenter notre niveau vibratoire.

COMMENT AUGMENTER NOTRE NIVEAU VIBRATOIRE ?

En premier lieu, l'augmentation du niveau vibratoire individuel relève de la motivation personnelle. Il faut en avoir envie. Il faut avoir envie de se sentir mieux, de se sentir bien dans sa peau, bien dans sa vie. Quand la décision est prise, sa mise en œuvre repose avant tout sur une attitude intérieure. Si les leviers sont surtout intérieurs, c'est parce qu'ils s'inscrivent sur les quatre plans PEMS qui sont essentiellement intimes, sauf le plan physique bien sûr qui concerne la réalité manifestée.

Mais, si on peut augmenter notre niveau vibratoire en agissant sur notre être propre, il est pertinent d'agir également sur notre environnement, notre lieu de vie, les endroits où nous séjournons.

Et, pour finir, nous pouvons également utiliser des objets ou des lieux extrêmement vibrants qui viendront stimuler notre action personnelle.

NIVEAU PHYSIQUE : L'INDIVIDU

Plus qu'une recette ou une technique l'augmentation du niveau vibratoire relève d'une attitude d'esprit, une attitude d'esprit qui nous amène à considérer certains aspects de notre être qui renvoient systématiquement aux niveaux PEMS (Physique, Émotionnel, Mental, Spirituel).

Aborder le sujet sous l'angle du corps physique relève du lieu commun. Il va de soi, mais il n'est pas inutile de le rappeler, que la base de tout travail sur soi repose sur le corps physique, d'où la nécessité de le maintenir en bon état, autant que possible : adopter une bonne hygiène de vie, gérer notre capital santé et se rendre chez le médecin chaque fois que nécessaire.

Mais il est possible et même recommandé d'aller au-delà de ces préceptes de bon sens. Une simple observation montre qu'une habitude particulière, alimentaire par exemple, est propice à maintenir une personne en bonne santé, alors qu'elle ne convient pas à une autre. Ce constat illustre le fait que chaque personne est unique et qu'il appartient à tout un chacun de déterminer les comportements qui lui conviennent. Dans cette approche l'Ayurveda qui prend en compte la spécificité de la personne s'avère être une aide efficace.

Concernant l'alimentation, il faut être vigilant sur le niveau vibratoire des aliments que l'on absorbe. Lorsque l'on mélange deux niveaux vibratoires, une moyenne s'établit. Ainsi le fait d'absorber un aliment de basse vibration a pour effet de faire baisser notre niveau vibratoire. Dans ce registre, il est bon de se rappeler que l'utilisation du four à micro-ondes fait baisser le niveau vibratoire des aliments. Et je ne parle pas des plats préparés industriellement.

De façon à être plus concret, si notre corps vibre à 14000 UB, et si nous ingurgitons un plat qui vibre à 6000 UB, notre niveau vibratoire descend à 10000 UB. Ce qui entraîne des difficultés de digestion, mais également une dépense d'énergie pour retrouver notre niveau vibratoire initial.

Dans le domaine de la nourriture, l'eau tient une place à part.

L'eau

Il est possible de réaliser différentes actions sur l'eau. On peut l'énergétiser, la magnétiser, l'harmoniser, l'informer, la bénir. Mon but n'étant pas d'écrire un traité sur l'eau, je me limite à présenter ici les expérimentations que j'ai moi-même réalisées.

Les Romains pensaient que le cristal de roche est de l'eau solide. En voilà une idée, me direz-vous. De nos jours cette confusion semble incongrue. Pourtant si j'ôte mes lunettes d'homme cartésien du XXIe siècle au profit de ma cape de chercheur en lois de la Nature, je ne peux que souligner ce point commun entre l'eau et le cristal de roche qui veut que tous deux se programment spontanément avec les vibrations qui les entourent.

Et j'ai la chair de poule quand je vois que, dans certains supermarchés, on entrepose l'eau minérale destinée aux biberons des bébés tout près de la lessive.

Un jour où j'avais l'esprit enjoué, j'ai acheté de l'eau. Deux bouteilles d'eau minérale strictement identiques. La première bouteille, je l'ai posée chez moi, dans un coin anodin. La deuxième, je l'ai placée sur un portait de Lahiri Mahasaya, un grand maître réalisé du Kriya Yoga. Et j'ai oublié mes deux bouteilles pendant une dizaine de jours.

Lorsque le jour de notre réunion périodique est arrivé, j'ai pris les deux bouteilles avec moi, et j'ai demandé aux membres du groupe de mesurer successivement le niveau vibratoire de chacune de ces deux bouteilles.

Les résultats sont allés au-delà de mes espérances. Avec une belle constance, les membres du groupe ont trouvé des valeurs vibratoires sensiblement égales, banales pour la première bouteille, mais par contre, pour la deuxième bouteille, le niveau vibratoire s'est avéré très élevé. Quand j'écris très élevé, il faut comprendre que le niveau vibratoire de cette eau affichait des valeurs dites spirituelles.

L'eau a la particularité de se programmer seule en fonction de l'environnement dans lequel elle se trouve. Elle absorbe les vibrations qui l'entourent, ce que je résume en déclarant que l'eau est une éponge. Mais la difficulté est de lui faire conserver un état vibratoire donné de façon durable.

Il existe différentes techniques pour programmer l'eau. Pour en savoir plus, je renvoie à la littérature spécialisée.

La prise de conscience de ce phénomène entraîne différentes applications. Tout d'abord, il convient de prendre soin de l'eau que nous consommons par exemple en ne la stockant pas près de la lessive comme je l'indiquais ci-dessus. Mais il existe des cas beaucoup plus inquiétants, comme ces techniciens en télécommunications qui ont eu l'idée d'installer un relai de téléphonie mobile sur un château d'eau.

On peut également la programmer volontairement à des fins spécifiques.

Il est possible par exemple de programmer un peu d'eau avec des vibrations de guérison. Il suffit alors de la boire comme un médicament, à raison de quelques gorgées par jour.

Car c'est là que se situe une prise de conscience importante. Notre corps physique est composé de 70 ou 80% d'eau. Et cette eau de notre corps se programme avec nos pensées et notre mode de vie. J'ai lu un auteur qui disait qu'il vaut mieux programmer notre eau intérieure en écoutant de la musique classique plutôt que du hard rock !

De la même façon, notre eau intérieure se programme avec nos pensées.

Dans ce contexte reprogrammer notre eau intérieure en absorbant régulièrement quelques gorgées d'eau porteuse de vibrations de guérison ou même d'harmonie fait figure de bonne idée.

Il me revient à l'esprit cette conférence d'un jardinier qui nous montrait deux parcelles identiques : même exposition, même culture, soins identiques ... Pourtant sur une parcelle la végétation était exubérante alors que sur la deuxième, les plantes étaient chétives. Selon lui l'explication venait du fait que la deuxième parcelle avait été arrosée avec de l'eau normale alors que la première avait été arrosée avec de l'eau « informée ». Évidemment il ne nous a pas dit quelle était cette « information » donnée à l'eau. Mais mon esprit curieux a vite compris que cette eau avait été programmée de façon adéquate.

Ce qui confirme que le pouvoir de l'eau peut devenir phénoménal pour peu qu'il soit utilisé de façon correcte.

Le comportement

Mais notre préoccupation ne se limite pas au seul sujet alimentaire. Notre comportement entre également en ligne de compte. Ainsi, mais il ne s'agit que d'un exemple parmi tant d'autres, jeter un papier par terre altère notre niveau vibratoire parce que ce seul geste crée une dette karmique envers la Terre. On peut également citer le fait de se garer à cheval sur deux places de parking qui crée une dette envers le confrère automobiliste qui ne pourra pas se garer à côté de notre véhicule. On peut multiplier ces exemples à l'infini. Mais il faut se rappeler que les énergies sont cumulatives et l'accumulation de ces petits riens a très vite fait d'amener plus d'harmonie et de bien être dans notre vie quotidienne.

Pourtant parfois, même si on est persuadé du bien-fondé d'un changement d'attitude, sa mise en œuvre n'est pas aisée. Les mentalités sont de plus en plus ouvertes à l'urgence d'arrêter d'acheter des produits en plastique. Le plastique vient du pétrole qui vient de forêts en décomposition. Outre le fait que ces vibrations sont extrêmement basses, l'utilisation du plastique qui finit au milieu des océans crée une dette karmique considérable des humains envers notre planète.

Au lieu d'utiliser l'énergie de forêts en putréfaction, les humains feraient mieux d'utiliser l'énergie solaire, éolienne ou marémotrice qui sont des **énergies de l'Univers** inépuisables, qui ne créent pas de résidus polluants et qui ne génèrent pas de basses vibrations. Sachant que la meilleure des solutions serait d'utiliser l'énergie de l'Univers chère à Nikola Tesla. Cette énergie est propre et inépuisable. Encore faudrait-il savoir l'utiliser. Mais pour cela il faudrait déjà en avoir la volonté. Voici un petit commentaire de Nikola Tesla sur cette énergie : *« Pour faire une comparaison, c'est comme si quelqu'un se trouvant assis au fond de la mer, une tasse à la main, se demandait comment la remplir avec de l'eau. Comme cette personne assise au fond de la mer, l'homme ne semble pas être conscient de l'omniprésence de l'énergie cosmique ».*

Niveau Physique : l'individu et son environnement

Si le travail sur soi permet d'élever notre niveau vibratoire, certaines actions sur notre environnement y contribuent également de façon considérable. Parmi les nombreuses approches possibles, j'en retiens deux : les minéraux et les émissions dues aux formes.

Les minéraux

Mon approche des minéraux est plus pragmatique que livresque. Tout d'abord je considère que les pierres sont vivantes, dans l'acceptation chamanique du terme bien sûr. D'autre part, tous les éléments de la Création étant issus de la conscience initiale, éternelle et silencieuse, ils peuvent être considérés comme des manifestations différentes venant d'une source unique. En conséquence, tout dans la Création est en lien et même en résonnance avec tout. C'est l'histoire du battement d'aile d'un papillon qui a des répercussions jusqu'au bout de l'Univers.

C'est pourquoi, si nous pouvons agir sur les minéraux, en les programmant par exemple, les minéraux peuvent agir sur nous, pour peu que l'on sache orienter clairement leur action.

D'autre part, sans avoir à apprendre des pages et des pages pour mémoriser les effets de tous les minéraux, un constat rapide montre que les couleurs des minéraux sont les mêmes que celles des chakras. En conséquence, une simple approche par les couleurs permet d'identifier sur quelle partie du corps humain peut agir un minéral donné.

Pour être plus précis, je donne ci-dessous quelques éléments de correspondances entre les chakras et les minéraux :

Chakra	Couleur	Attributs	Partie du corps associée	Minéral
Coronal	Violet (et blanc)		Cerveau	Cristal de roche, Améthyste, Sélénite
3ème Œil	Indigo	Clairvoyance	Nez, yeux	Lapis Lazuli, Saphir bleu

Gorge	Bleu	Ouïe, Clairaudience	Gorge, Oreille	Aigue marine, Topaze bleue, Turquoise
Cœur	Vert (et rose)	Toucher	Cœur, Poumons	Quartz rose, Émeraude
Plexus solaire	Jaune	Vue physique	Foie, estomac	Citrine, Ambre jaune, Saphir jaune
Hara	Orange	Goût	Sexualité	Cornaline, Ambre orangé
Racine	Rouge (et noir)	Odorat	Gros intestin, éliminations, analité, jambes, cheveux, dents, ongles	Jaspe rouge, Tourmaline noire

Le monde des minéraux est vaste. Je souhaite juste retenir un minéral particulier, en l'occurrence le cristal de roche en raison de deux de ses particularités : son niveau vibratoire et sa capacité à recevoir une information et à la restituer de façon amplifiée. Mais avant d'être utilisé, notamment pour réaliser un désir, le cristal de roche doit être nettoyé et programmé.

Comment nettoyer un cristal de roche ?

Le cristal de roche a probablement été extrait de façon violente, à la dynamite ou au marteau piqueur ou au marteau tout court. Puis il est passé de mains en mains, certaines n'étant pas forcément propres, au sens figuré comme au sens propre (justement). Bref votre pierre a probablement été traumatisée et sûrement été affectée par de nombreux stress, c'est d'autant plus vrai que les cristaux de roche tout particulièrement s'imprègnent spontanément des vibrations qui les entourent. Ainsi une pointe de cristal qui a séjourné dans des mains aux vibrations très basses en garde la trace. C'est pourquoi en priorité il faut nettoyer le minéral de toutes ces basses vibrations. C'est un peu comme si on remettait le compteur à zéro pour lui permettre de repartir d'un bon pied.

Potentiellement la purification des minéraux est réalisable au travers des quatre éléments. Mais la tâche n'est pas toujours très aisée. On peut utiliser le feu, mais la tâche n'est pas forcément aisée. Toutefois, si possible, une exposition prolongée du cristal de roche au soleil peut être réalisée.

La terre donne de bons résultats, mais il faut se plier à son inertie. La pierre doit demeurer enterrée pendant plusieurs mois avant de pouvoir être purifiée. Ce délai est rarement compatible avec notre mode de vie rythmé par la vitesse et l'impatience.

L'air constitue un bon moyen de purifier une pierre, mais il faudrait pour cela laisser la pierre dehors, au grand air pendant plusieurs heures, ce qui n'est pas forcément compatible avec notre mode de vie citadin.

Le moyen le plus commode et le plus utilisé reste l'eau. Mais l'eau se programme. De façon idéale il faudrait utiliser l'eau pure d'un torrent de montagne vif et nerveux. Personnellement je n'ai pas ce genre d'ingrédient sous la main. Sinon on peut utiliser de l'eau déminéralisée. Mais il faut aller en acheter. Ou sinon on utilise l'eau du robinet. Mais alors il est plus efficace de l'informer, avec des valeurs d'harmonie pour nettoyer l'eau elle-même, puis avec des valeurs de purification. Quand l'eau est prête, il suffit de la placer dans un récipient et de mettre la pierre à nettoyer dedans, une seule pierre par récipient.

Certains ajoutent un peu de sel. Je suis prudent à ce sujet tout en reconnaissant l'efficacité de cette adjonction. La prudence est motivée par le fait que certains minéraux ne supportent pas le sel et également par le fait que ce procédé agit comme un électrochoc sur le minéral. Pourtant, dans certains cas, si la pierre a beaucoup souffert, si elle est très « polluée », ce traitement de choc est nécessaire.

Comment programmer un cristal de roche ?

Comme indiqué ci-dessus, les cristaux de roche sont des éponges, alors maintenant qu'il est purifié, il serait dommage de le laisser se reprogrammer tout seul, par exemple si vous vous chamaillez devant lui avec votre conjoint.

C'est pourquoi il convient d'être vigilant et de préparer un petit rituel dès avant de l'extraire de sa coupelle d'eau. Le processus recommandé se détaille en plusieurs actions.

Extraire la pierre de sa coupelle et la placer sous un mince filet d'eau pendant quelques minutes. L'eau en mouvement a pour effet de finaliser le travail de purification, de revigorer la pierre et de rincer le sel si vous en avez utilisé.

Placer la pierre dans un mouchoir blanc immaculé, sans rayures et sans inscription. Ce serait dommage de laisser votre pierre se programmer avec des mots tels que « kleenex » ou « lotus ».

Pendant qu'elle sèche dans son mouchoir blanc, il n'est pas inutile de la placer dans un endroit sombre, un placard, un tiroir ... pour la laisser reposer un peu.

En parallèle il vous appartient de mettre au point votre phrase de programmation. Une phrase la plus courte possible, qui respecte les règles habituelles : verbe au présent, pas de négation, pas de chiffre et pas de nom. Ceci afin de ne pas dédier la pierre à une seule personne, mais de lui permettre d'agir de façon générale : pour la guérison, pour l'harmonie, pour la prospérité ...

À ce stade il est bon de vous harmoniser vous-même : pas de télévision, pas de téléphone, méditer est une bonne démarche.

Quand tout est prêt, vous pouvez aller chercher votre pierre. Vous la retirez de son mouchoir blanc et vous la prenez dans votre main de polarité négative, c'est-à-dire la main gauche le plus souvent.

Placer la pointe de la pierre vers le haut.

La méthode académique veut qu'à ce stade, vous interpénétriez la pierre, c'est-à-dire que, mentalement vous visualisiez votre conscience entrant dans la pierre par le bas.

Il n'est pas rare de ressentir alors un mouvement en spirale, doux, léger, très agréable vous faisant monter doucement vers le haut.

Durant cette montée vous pensez fortement à votre phrase : « Je te programme pour ... ».

Puis vous sortez de la pierre par le haut.

Et vous recommencez. Le but est de réaliser trois passages.

Au quatrième passage, la phrase est totalement différente : « Je t'ordonne de m'obéir, à moi et à moi seul ».

Cette dernière phrase très catégorique a plusieurs vertus. Elle permet d'éviter que votre pierre se programme avec les vibrations du premier visiteur venu qui ne pourra pas s'empêcher d'aller toucher la pierre que vous avez posée sur votre étagère avec respect et attention.

De plus, cet ordre vous autorise à demander à votre pierre d'intervenir pour la guérison de la varicelle de l'un cette semaine et de la grippe de l'autre la semaine suivante.

Le cristal de roche est un minéral étonnant qui vibre sur une fréquence très élevée, il n'a pas de personnalité propre, mais il est perméable à tout et agit comme un amplificateur. S'il reçoit de l'énergie positive il la renverra amplifiée, ainsi que s'il reçoit de l'énergie négative. Cette particularité explique que le cristal de roche est très utilisé. Pour cette raison également il constitue une aide performante sous réserve d'être correctement programmé. Je suis parfois choqué de constater que certaines personnes, des dames surtout, portent sur elles des bijoux à base de minéraux sans les avoir préalablement purifiés. Agir ainsi est courir le risque de porter sur soi la misère et les miasmes d'autres personnes.

Comment travailler avec un cristal de roche ?

Le cristal de roche entre dans la structure que j'utilise pour réaliser un désir. Je détaillerai ce sujet plus avant dans un chapitre dédié. Mais l'utilisation de cette pierre fascinante n'a de limites que notre imagination. Voici un exemple parmi tant d'autres.

Récemment une amie m'a confié qu'elle était soucieuse pour la rentabilité du restaurant que tenait son fils. L'an passé il avait eu beaucoup de mal à équilibrer les comptes et voilà que cette année, juste avant la saison touristique, la mairie avait décidé de réaliser des travaux dans sa rue, ce qui rendait l'accès au restaurant difficile et presque dissuasif.

On comprend aisément le souci que se faisait mon amie. Elle eut alors l'idée de dessiner le plan du restaurant sur une feuille de papier blanc. Sur le plan, elle plaça un cristal de roche à chacun des quatre angles du bâtiment et en ajouta un autre à l'endroit où se trouvait la caisse. Bien sûr, chacun de ces cristaux de roche était dûment programmé.

Cette configuration eut pour effet de créer un réseau, un maillage autour du restaurant. Il s'agit ici d'une illustration de cette loi de la Nature qui veut que le tout est plus que la somme des parties. Les cristaux sont entrés en résonnance entre eux et ont créé une puissante structure affectant positivement les affaires de son fils qu'elle préféra ne pas tenir au courant de la mise en place de ce dispositif, celui-ci ne croyant pas, me dit-elle « à toutes ces choses-là ».

Elle laissa les cristaux en place pendant tout l'été et, à l'automne, à l'heure du bilan, elle constata que, au lieu de la faillite annoncée, son fils avait non seulement réussi à équilibrer les comptes, mais avait de plus réussi à dégager un bénéfice suffisant pour envisager l'avenir avec sérénité.

Cet exemple constitue une illustration de l'utilisation que l'on peut faire des structures. Si un minéral est porteur des potentialités de son groupe, plusieurs minéraux démultiplient ces effets, raison pour laquelle il ne faut pas hésiter à constituer des structures de minéraux. On peut par exemple programmer une pierre roulée pour un but à atteindre et, afin d'amplifier ses effets, on peut faire pointer sur elle trois pointes de cristal de roche. Ou bien il est possible de constituer un cercle autour de la photo de la personne à traiter. Ce cercle est constitué d'une alternance de pierres roulées et de pointes de cristal. Cette structure émet un champ vibratoire autour de la personne qui, tout à la fois, crée un écran de protection et élève son niveau vibratoire.

Dans son livre « *Les pouvoirs secrets des cristaux* », Patrick Drouot donne le mode d'emploi pour créer ce qu'il appelle une « Crypte minérale » destinée à agir sur le corps tout entier. Cette « crypte » est constituée de 72 cristaux que l'on place autour de la personne sur laquelle on veut intervenir.

À titre documentaire, j'ai placé sur mon bureau une pointe de cristal de roche dont les niveaux vibratoires me procurent une stimulation très agréable. Ce minéral vibre à 60000 UB au niveau physique, à 80000 au niveau émotionnel, à 120000 UB au niveau mental et enfin à 160000 UB au niveau spirituel.

Les émissions dues aux formes (EDF)

Une branche du Reiki utilise des symboles tibétains, les antahkaranas, à des fins d'augmentation du niveau vibratoire. Cette technique associe les minéraux, les antahkaranas, et l'énergie Reïki dans un but de guérison et d'harmonie.

De nos jours l'utilisation des fleurs de vie est très « à la mode ». On peut supposer que les vertus des fleurs de vie sont connues depuis l'antiquité. Les archéologues ont trouvé des gravures de fleurs de vie en Assyrie et en Égypte. Plus récemment, des dessins géométriques réalisés par Léonard de Vinci font penser à de telles fleurs de vie.

La fleur de vie est une figure géométrique composée d'une juxtaposition de plusieurs cercles égaux. Elle est constituée de sept cercles ou plus. Le centre de chaque cercle est positionné sur la circonférence des six cercles environnants.

Il suffit de poser une bouteille ou un plat sur une fleur de vie pour que le niveau vibratoire de l'aliment soit stimulé avant sa consommation.

Les triskels

En synthèse, il apparaît donc que les leviers pour augmenter le niveau vibratoire au niveau physique concernent l'individu lui-même, son alimentation et son comportement. Cette démarche est complétée en recourant à différents objets ou accessoires très « vibrants » tels que les minéraux, mais un autre champ d'action est possible, il s'agit de tout ce qui concerne l'environnement, le milieu dans lequel nous évoluons. Tous les préceptes du Feng Shui entrent dans ce champ d'action, mais sans aller si loin, nous pouvons mettre en œuvre les techniques de la géobiologie qui ont pour effet d'harmoniser un cadre de vie dont parfois les vibrations peuvent s'avérer délétères.

Sans entrer dans les détails de cette discipline, on peut synthétiser son champ d'action en rappelant que la géobiologie prend en considération toutes les nuisances qui affectent notre cadre de vie, depuis les pollutions modernes, les rayonnements électriques, magnétiques, le wi-fi, etc. ... jusqu'aux émissions dues aux formes nocives liées à la configuration de certains bâtiments ou du mobilier, en passant par les vibrations géologiques néfastes, les failles, les cours d'eau souterrains, le réseau Hartmann ...

Chaque fois qu'une source vibratoire nocive nous affecte, la géobiologie intervient pour rétablir la situation et la réharmoniser. Le sujet est vaste, et les moyens d'action utilisés par la géobiologie nombreux, toutefois je souligne les travaux de Michel Panazol qui explique l'utilisation que l'on peut faire des triskels : « *Le triskel est un puissant émetteur / récepteur d'ondes vibratoires, permettant le rééquilibrage d'un lieu, d'un objet soumis à des rayonnements de forces cosmiques « + » ou telluriques « - », que nous allons pouvoir utiliser suivant notre besoin et dans ce domaine particulier qu'est la géobiologie, la science du sol* ».

J'ajoute que si la forme du triskel est un puissant émetteur utilisé pour harmoniser un lieu, nous pouvons tout aussi bien y avoir recours pour toute autre utilisation, par exemple la stimulation vibratoire d'un minéral que l'on a programmé ou informé en vue de la réalisation d'un désir. Pour être plus précis, je souligne que, dans ce processus, tout part d'une pensée, une pensée particulière, une forme-pensée que l'on place dans un minéral afin qu'il la stimule et l'amplifie. Et le recours à une émission due à une forme telle qu'un triskel ou une fleur de vie a pour effet d'amplifier encore plus le phénomène. Cerise sur le gâteau, il est possible de l'amplifier mieux encore en chargeant cette forme-pensée avec l'énergie de l'Univers ou, pour les initiés, avec toute autre énergie comme le Reiki par exemple.

Pour information, les triskels que j'utilise vibrent à 40000 UB au niveau physique, à 70000 au niveau émotionnel, à 120000 UB au niveau mental et enfin à 260000 UB au niveau spirituel

Niveau émotionnel et vibration - Gérer les émotions

Dans son livre intitulé « *Reiki et chamanisme* », Jim PathFinder Ewing rapporte les travaux de David R. Hawkings (« The hidden determinants behavior – Carlsbad, Calif., Hayes House, 1995).

On peut supposer que Hawkings a placé des électrodes sur les personnes qui ont accepté de participer à l'expérience, et il les a mis en situation de ressentir différentes émotions. Puis, pour plus de clarté, il a reporté les fréquences obtenues sur une échelle allant de zéro à mille. Les résultats obtenus sont les suivants :

Honte : 20
Culpabilité : 30
Apathie : 50
Chagrin : 75
Peur : 100
Désir : 125
Colère : 150
Orgueil : 175
Courage : 200
Neutralité : 250
Bonne volonté : 310
Acceptation : 350
Raison : 400
Amour : 500
Paix : 600
Divin et illumination : de 750 à 1000

Il ajoute que les vibrations en dessous de 200 ont un effet destructeur sur l'individu et sur la société. Par contre les vibrations au-dessus de 200 sont des « expressions constructives de la puissance ».

On peut discuter ces chiffres, en particulier 200 pour le courage semble bien peu, mais il en est ainsi de la réalité scientifique.

Quoi qu'il en soit, ces données chiffrées ne peuvent que nous inciter à faire preuve de vigilance quand nous nous laissons aller à ressasser des sentiments de honte, de culpabilité, de colère ... et autres. Ces sentiments nous tirent vers le bas. Si, selon les situations de nos vécus parfois très difficiles, nous ne pouvons éviter de ressentir ces émotions, au moins faut-il faire en sorte de ne pas nous y complaire. Parce que, comme le dit Hawkings, ces émotions sont destructrices.

Outre le fait de chasser ces émotions, il nous appartient de les remplacer par des vibrations plus harmonieuses. À cet effet, les techniques de réalisation des désirs sont un outil incontournable. Répéter une affirmation telle que celle-ci peut nous aider grandement : « Je ressens un sentiment de paix profonde maintenant ».

NIVEAU MENTAL ET VIBRATION - APPRENDRE À PENSER

« *En pensant noblement, nous purifions notre corps astral, sans qu'il nous soit nécessaire d'y travailler consciemment* ».

Annie Besant

De même que les émotions, les pensées sont de l'énergie que nous émettons et, à ce titre, elles ont un niveau vibratoire.

Pour ne prendre qu'un exemple, et pour peu que l'on veuille bien écouter notre ressenti, la vibration du mot « deuil » n'a pas du tout le même effet sur nous que celle du mot « soleil ». Lorsque je teste le niveau vibratoire de ces deux mots au niveau mental, j'obtiens 3000 UB pour le mot deuil et 11000 UB pour le mot soleil. Par association d'idées, je pense aux sept péchés capitaux parmi lesquels il en est un qui commande de ne pas jurer. À la lumière du niveau vibratoire des mots que nous pensons ou que nous prononçons, cette injonction est pleine de bon sens. Le vocabulaire vulgaire et les pensées associées émettent des vibrations très basses qui pénalisent notre niveau vibratoire personnel. L'expérience montre que la vulgarité agit sur nous de la même façon que l'absorption d'aliments de basses vibrations. Et je ne peux m'empêcher de regretter que souvent notre société véhicule des injonctions ou des interdits souvent érigés en tabous parce qu'ils ne sont jamais accompagnés d'explications.

Le problème est que nous émettons tellement de pensées qu'il peut sembler impossible de les maîtriser toutes. Pourtant il faut s'y atteler. Car nous sommes responsables de nos pensées. C'est bien nous qui sommes libres de penser que nous n'allons pas y arriver ou, au contraire, que nous allons nous retrousser les manches, que nous allons nous y mettre, que nous allons recevoir l'aide dont nous avons besoin et que, oui, nous allons y parvenir.

Plus que de passer chaque pensée au crible, ce qui a de quoi nous épuiser, il est préférable de changer d'habitude de pensée. Tout d'abord, quand nous nous rendons compte que nos pensées tournent en rond, qu'elles sont stériles ou même si nous broyons du noir, le mieux est de décider de ne plus y penser. Pendant quelques instants au moins nous serons soulagés. Puis nos soucis reviendront. Il faudra à nouveau arrêter d'y penser, et ainsi de suite jusqu'à ce que nous pensions à autre chose.

Et puis, en dehors de tout état de perturbation, il est bon de décider que, à partir de maintenant, nous allons orienter nos préoccupations, et donc nos pensées, différemment. Ce point est crucial. J'insiste sur le fait que nous sommes responsables de nos pensées. Et donc de leur donner l'orientation que nous souhaitons afin de devenir la personne que nous voulons être ou d'obtenir la matérialisation de ce que nous souhaitons. Parce que les pensées sont de l'énergie et la loi de l'attraction qui s'applique partout et tout le temps fait que les énergies de même vibration se recherchent, s'attirent et se cumulent à leur tour partout et tout le temps. Cette notion a été exprimée de façon très claire par Daniel Sévigny dans son livre « Les clés du secret » : « *En transformant notre manière de penser, automatiquement nous changeons nos vibrations et, en changeant nos vibrations nous changeons notre énergie. Ce qui permet à la loi de l'attraction de se réaliser systématiquement. Nous attirons ainsi à nous les situations qui sont reliées à notre propre système de pensée* ».

Daniel Sévigny –

Et Nita Mocanu, dans un manuel de Reïki complète ce principe : *« Mes pensées et mes émotions sont de l'énergie qui influence en permanence mon énergie globale »*.

Niveau spirituel et vibration - À quoi sert la méditation ?

S'il ne faut pas minimiser les attitudes bénéfiques que l'on peut adopter aux niveaux physique, émotionnel et mental, on constate que la recherche spirituelle est la voie souveraine pour augmenter notre niveau vibratoire et par voie de conséquence pour avancer à grands pas vers notre épanouissement personnel. Mais il faut être bien conscient du fait qu'à méditer une fois, ou une fois par-ci par-là, rien ne se produira. Pour que les effets soient sensibles, une pratique régulière et durable est nécessaire.

On se rend compte que la recherche spirituelle amène un certain détachement. Bien sûr les émotions sont toujours présentes, mais nous sommes moins vulnérables à leurs effets parfois dévastateurs.

On remarque également que lorsque l'on se met à méditer, les centres d'intérêt et les comportements changent. Plusieurs personnes m'ont confié que leur noyau relationnel s'était transformé. Dans leur entourage les fâcheux se sont éloignés et de nouvelles personnes plus lumineuses ont fait leur apparition.

Ces retombées heureuses peuvent s'expliquer par le fonctionnement même de la méditation et de la recherche spirituelle qui a pour effet d'amener la conscience sur des plans de plus en plus éthérés et de plus en plus vibrants. De façon triviale, après une expérience de méditation, lorsque l'on revient à la conscience normale, « il en reste quelque chose ». C'est ainsi qu'une pratique régulière et durable permet d'amener et d'ancrer des vibrations de plus en plus élevées au quotidien.

De nos jours, les écoles de méditation sont très nombreuses, depuis les plus traditionnelles, issues généralement d'Orient, aux plus surprenantes, résultant de l'imagination souvent fertile de certains de nos contemporains. Je donne ci-après quelques explications de la méthode que m'a transmise mon instructeur et que je me suis appropriée. Cette méthode commence par une montée en vibration qui est basée sur un condensé de symboles destinés à permettre au méditant de se protéger vibratoirement, de se centrer, et de procéder à un nettoyage énergétique. Même si je donne des indications précises, il est préférable de réaliser cette montée en vibration en étant guidé par un praticien confirmé, du moins la première fois.

MONTÉE EN VIBRATION ET MÉDITATION

LA POSITION

Dans l'inconscient collectif, le mot méditation est associé à l'image d'un yogi en position du lotus. Ce cliché mérite quelques mots d'explication. La position du lotus permet un équilibre harmonieux des énergies qui circulent dans le corps, mais revêt également un aspect pratique. On constate souvent que, durant la méditation profonde, le méditant a tendance à perdre l'équilibre. La position du lotus, qui est une position très stable, permet de ne pas tomber. Mais personnellement mes genoux protesteraient douloureusement si je tentais d'adopter cette position. Je préfère m'asseoir sur une chaise avec la colonne vertébrale bien droite et les mains sur les genoux. Cette position permet de garder l'équilibre et on comprend intuitivement que ce positionnement de la colonne vertébrale permet une circulation sans entrave des énergies le long de la colonne vertébrale.

Cette position est appelée position du sphinx, mais certains parlent également de positionnement du pharaon.

Il est recommandé d'incliner la tête légèrement en avant afin que le troisième œil et la glande pinéale se trouvent sur un plan horizontal. Le but est également de permettre une bonne circulation des énergies, mais pas uniquement. Conjuguée avec la position verticale de la colonne vertébrale, on remarque que cette position de la tête place la glande pinéale à l'intersection de deux courants d'énergie, l'un vertical, l'autre horizontal.

De nos jours, la glande pinéale est reconnue pour permettre la communication entre le plan de la matière et le plan spirituel. Mais l'idée n'est pas neuve puisqu'on retrouve des statues de glandes pinéales dans de nombreuses églises, et même au Vatican !

Dernier point, il est bon de remonter la langue sur le palais, autant que faire se peut. La problématique est toujours la même : favoriser la circulation des énergies. Lorsque l'énergie remonte le long de la colonne vertébrale par le nadi Sushumna, elle va s'extérioriser par la bouche ou les narines alors que le but est de lui permettre d'aller éveiller le chakra coronal. Le fait de remonter la langue sur le palais oriente l'énergie vers le Coronal au lieu de la laisser aller se perdre dans la bouche ou dans les fosses nasales.

En toute rigueur il faudrait placer la langue dans le pharynx de façon à ce qu'elle passe dans les fosses nasales. J'ai vu des méditants qui se voulaient rigoureux s'exercer à cette gymnastique. Mais il faut raison garder, la stricte observation des rites n'a jamais suffi à faire un être réalisé. Personnellement, je considère avec beaucoup de circonspection ces acrobaties, et si lors de mes méditations je remonte systématiquement ma langue contre le palais, je le fais dans les limites d'un confort raisonnable.

Pour positionner la tête de façon adéquate, il convient de regarder devant soi calmement puis d'incliner légèrement la tête avant de fermer les yeux.

PRANAYAMA

Il existe de nombreuses techniques basées sur le souffle. Celle que je présente génère des effets très précieux. Afin de bien appréhender les apports de cette technique, je considère qu'il est utile de faire un petit rappel sur les nadis. Notre corps est parcouru par 72 000 canaux d'énergie appelés nadis dans la tradition indienne. Parmi ces très nombreux nadis, trois s'avèrent prépondérants. Le principal canal d'énergie appelé Sushumna parcourt notre colonne vertébrale. Il est associé à deux autres nadis qui s'entrecroisent autour de lui, notamment au niveau des chakras, et qui sont appelés Ida et Pingala.

Ida est associée à la Lune et aux valeurs féminines. Son énergie est froide. Ida commence à l'extrémité droite du coccyx et aboutit dans la narine gauche. Elle permet de véhiculer le Prâna lunaire. Son mouvement est ascendant.

Pingala est associé au soleil et aux valeurs masculines. Son énergie est chaude. Pingala commence dans la narine droite et se termine dans l'extrémité gauche du coccyx. Il permet de véhiculer le Prâna solaire. Son mouvement est descendant.

Ida et Pingala se trouvent à équidistance de Sushumna

Le trajet de Sushumna se confond avec celui de la moelle épinière. Sushumna commence à l'extrémité du coccyx et aboutit dans la cavité cervicale. C'est sur Sushmna que se situent les sept chakras principaux.

Le système représenté par ces trois nadis est bien connu en Occident, il est symbolisé sous la forme du caducée.

La méthode de pranayama consiste à
Boucher la narine droite avec le pouce
Souffler par la narine gauche
Inspirer par la narine gauche
Boucher la narine gauche avec l'index
Souffler par la narine droite
Inspirer par la narine droite
Recommencer

Certains puristes précisent que les hommes commencent l'exercice en soufflant par la narine droite et le terminent en soufflant par la narine gauche. Par contre, pour les dames c'est l'inverse, elles commencent l'exercice en soufflant par la narine gauche et elles le terminent en soufflant par la narine droite. Cette directive découle de la polarisation du corps qui est différente selon que l'on est un homme ou une femme.

Il est bon de prolonger cet exercice pendant cinq minutes environ avant la méditation, il est encore mieux de le réaliser de façon rapide puis lente.

Cette méthode de pranayama a pour effet de réveiller les nadis et de faire circuler l'énergie (le Prâna) à la fois le long d'Ida et de Pingala, mais également le long de Sushumna et par voie de conséquence à l'intérieur des chakras. L'une des conséquences non unique, mais appréciable est de purifier le hara et donc de nettoyer le foie. Toutefois il faut une pratique régulière et persévérante pour obtenir ce résultat.

De plus, entre autres vertus, on constate que les mouvements du diaphragme induits par cet exercice ont pour effet de masser les organes internes, surtout sur le pranayama rapide.

J'ajoute que le pranayama permet d'augmenter le volume d'air contenu dans les poumons. Quand nous sommes stressés, notre respiration est « courte », et plus notre respiration est courte plus on s'asphyxie. Les organes ne sont pas suffisamment oxygénés et ils fonctionnent mal. Le pranayama par contre permet une oxygénation optimale qui permet à notre physiologie de bénéficier de tout l'oxygène qui lui est nécessaire. La conséquence est une meilleure santé et une bonne vitalité.

Dans une approche spirituelle, on constate que l'effet sur l'esprit est immédiat : le pranayama calme les pensées, aide à faire le vide et donne la sensation d'être « centré ».

La protection

Le monde visible et le monde invisible partagent de nombreux points communs. En particulier celui d'héberger des individus de toutes natures dont certains ne sont pas très recommandables. En conséquence, lorsque l'on s'aventure à explorer les étendues incommensurables du monde invisible, il est opportun de se retrancher derrière une protection adaptée, c'est-à-dire invisible. Il existe de nombreuses techniques permettant de créer cette protection. En voici une :

Vous visualisez un fil de lumière qui traverse vos sept chakras principaux.

Ce fil de lumière représente l'essence même de votre vibration.

Vous portez votre attention sur ce fil de lumière.

Vous le visualisez en train de s'élargir.

Il s'élargit progressivement jusqu'à vous englober totalement.

Vous le faites s'élargir encore jusqu'à ce qu'il se positionne à une dizaine de centimètres au-delà de vos bras étendus.

Quand il est positionné à cette distance, vous organisez cette énergie qui est l'émanation de votre vibration en une forme ovoïde qui, outre le fait de positionner un écran vibratoire autour de vous, génère des vibrations très élevées en raison de sa forme. Cette structure vous dépasse de trente à quarante centimètres en haut et en bas, elle est complète, solide et très lumineuse. Ses parois sont larges et épaisses.

Lorsque votre protection est correctement positionnée, vous lui affectez un numéro de trois ou quatre chiffres. À l'avenir il vous suffira de penser « Protection xxxx » pour que votre protection se positionne autour de vous.

Montée en vibration

Comme son nom l'indique, cette technique nous fait passer du niveau vibratoire banal que nous exprimons dans notre vie courante au niveau vibratoire le plus élevé possible. Cette technique nous permet de nous positionner au niveau maximum auquel nous pouvons accéder en fonction de notre niveau d'évolution personnel. Je suis arrivé à la conclusion qu'il n'existe que deux façons de faire progresser notre niveau vibratoire : la méditation et le comportement. La technique de montée en vibration est un préambule à la méditation.

Après avoir adopté la position adéquate et effectué un exercice de pranayama, vous fermez les yeux, vous placez la pointe de la langue contre le palais et vous positionnez votre conscience dans le troisième œil.

Vous êtes dans un espace plat et dégagé.

Vous visualisez un cercle de 30 mètres de diamètre. Vous vous situez au centre de ce cercle.

Vous offrez votre méditation.

Vous mettez votre protection.

Vous allez sur le cercle au point Est. Vous visualisez un fil de lumière qui relie tous vos chakras. Ce fil se prolonge jusqu'à un point lumineux que vous voyez très haut dans le ciel.

Vous parcourez le cercle jusqu'au point Nord. Vous prolongez le fil de lumière dans vos jambes. Il sort par la plante des pieds et il se prolonge très loin jusqu'au centre de la Terre.

Vous parcourez le cercle jusqu'au point Ouest. Là se trouve une cascade de rosée. Vous prenez une douche de rosée en mettant l'idée que cette rosée purifie votre corps physique jusqu'aux cellules, mais qu'elle purifie également tous vos corps subtils.

Vous parcourez le cercle jusqu'au point Sud. Vous vous positionnez face à l'extérieur du cercle. Vous écartez légèrement les bras. Le soleil est haut dans le ciel, il dépose sur vous un baume de protection et de guérison. Vous tournez sur vous-même et vous sentez ce baume de protection et de guérison dans votre dos et sur tout votre corps.

Vous revenez au centre du cercle.

À partir des quatre points cardinaux, vous visualisez une pyramide d'air bleuté qui se construit au-dessus de vous.

Vous ressentez sous vos pieds un fort courant tellurique qui s'élève depuis le sol. Ce courant vous propulse vers le haut.

En montant vous traversez les couleurs : Rouge, Orange, Jaune, Vert, Bleu, Indigo, Violet-Parme.

Vous montez jusqu'à votre plan de connaissance actuel.

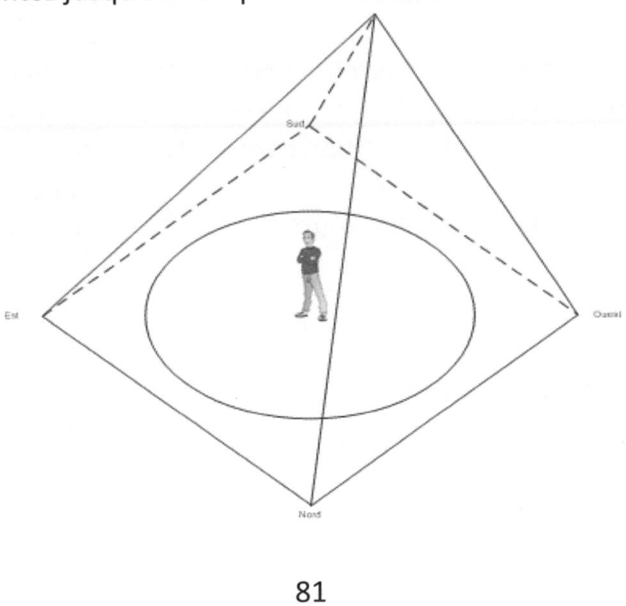

Le cercle fait référence au cercle de vie des chamanes indiens. Ce cercle est une modélisation de l'univers. Le fait de se relier au ciel et à la terre permet de se centrer verticalement en équilibrant les forces cosmotelluriques. Le fait de se positionner au centre du cercle permet de se centrer horizontalement. Cette visualisation a pour effet de nous centrer au centre de l'Univers et au centre de nous-mêmes.

Dans la tradition indienne, chaque point cardinal est associé à un élément. L'air est associé à l'Est, la terre est associée au Nord, l'eau est associée à l'Ouest, et le feu est associé au Sud.

La rosée était utilisée par les alchimistes parce que, contre toute attente, elle est un solvant puissant. Son utilisation dissout toutes les négativités et les impuretés qui se sont amassées dans notre corps physique et dans nos corps subtils. La visualisation de la douche de rosée est une approche un peu poétique. Personnellement, je préfère visualiser un écran de rosée horizontal qui descend sur moi et qui repousse toutes les impuretés devant lui, jusqu'à les faire descendre profondément dans la terre pour recyclage.

La visualisation des effets du soleil telle que je la décris ci-dessus est une première approche. Avec l'expérience il apparaît que lors de cette phase, la vibration du soleil dépose sur notre corps physique et nos corps subtils une matière onctueuse comme le miel, un baume protecteur et guérisseur qui pénètre dans la matière subtile de nos corps subtils. Outre l'onctuosité du miel, ce baume en a également la couleur.

La pyramide est le symbole de l'élévation. En conjonction avec la puissance de la force tellurique, elle a pour effet de nous propulser vers le haut.

Les couleurs sont les couleurs inversées de l'arc-en-ciel, mais elles renvoient aux couleurs des chakras. Le fait de traverser les couleurs des chakras de bas en haut permet symboliquement de parcourir le chemin de la Kundalini lors de l'éveil. Par le biais des couleurs, cet exercice permet de stimuler les chakras et de les équilibrer en leur apportant les couleurs qui peuvent être déficitaires.

Pour terminer, j'ajoute que cette montée en vibration nous fait visualiser le cercle de l'unité dans le carré, le 1 dans le 4, c'est-à-dire le divin dans la Création.

NIVEAU VIBRATOIRE ET RÉALISATION DES DÉSIRS

À ce stade une question vient à l'esprit. À quoi sert d'augmenter notre niveau vibratoire pour réaliser un désir ? Il est vrai que, présentée sous cet angle, cette préoccupation peut sembler incongrue. Pourtant la réponse est évidente : elle est liée à la loi de l'attraction.

Sous l'effet de la loi de l'attraction les basses vibrations s'acoquinent aux basses vibrations et les hautes vibrations recherchent et attirent toujours plus de hautes vibrations. Et l'effet est cumulatif. Plus le niveau vibratoire est bas, plus les pensées négatives sont présentes et puissantes, plus les obstacles sont nombreux et plus vous doutez. À l'inverse, un niveau vibratoire élevé donne confiance en soi, empêche les obstacles de se mettre en travers de notre route et permet aux portes du destin de s'ouvrir devant nous.

On constate également que plus le niveau vibratoire est élevé et moins le karma est contraignant, bloquant, présent.

Et enfin, plus le niveau vibratoire est élevé et plus il permet d'intervenir à des niveaux subtils, de « poster » notre demande à un niveau le plus proche possible de l'origine de la Création.

DÉSIRS ET VIBRATIONS

Si l'on demande à l'homme de la rue d'exprimer son désir le plus cher, avec une grande constance la réponse aborde un sujet à connotation matérielle (santé, amour, argent, profession). Et c'est bien normal. Parce que notre plan d'existence se situe sur le plan matériel et il est logique que nos préoccupations soient en relation avec ce plan.

Toutefois, lorsque l'on se préoccupe de prendre son destin en main, on se rend vite compte que si nous sommes momentanément ancrés sur le plan de la matière, notre essence est beaucoup plus subtile. C'est pourquoi la résolution de nos problématiques liées à la matière n'est pas suffisante pour nous permettre d'avancer sur le chemin de notre évolution personnelle. Pour exprimer cette notion différemment, la finalité de notre incarnation est la réalisation d'un travail d'évolution.

Afin d'éclairer ce débat, je mentionne un constat qui ne souffre d'aucune exception. Lorsqu'un chercheur de vérité modifie son état de conscience jusqu'à lui faire atteindre des plans vibratoires très élevés, on constate qu'une sorte de remise en ordre s'effectue naturellement. Le fait de côtoyer régulièrement, même si c'est de façon momentanée, des plans élevés modifie les attitudes et les comportements de l'individu dans la vie courante. Ce changement de cap allant vers plus de raffinement et plus de respect pour la vie dans son ensemble. Pour l'exprimer de façon triviale, l'obligation de respecter un code moral n'est plus nécessaire parce que ce processus s'établit naturellement. Bien sûr il s'agit de chercheurs sincères qui réalisent un réel travail sur eux-mêmes.

Ainsi donc, et bien modestement, en matière de définition des désirs, je propose une voie qui n'est ni la raison, ni le plaisir, mais l'intuition. L'intuition qui se développe et qui prend une connotation d'harmonie de plus en plus intense au fur et à mesure de la progression de notre conscience vers les plans subtils de la Création. Sachant que l'évolution de la conscience vers les plans subtils augmente le niveau vibratoire et que l'augmentation du niveau vibratoire facilite la migration de la conscience vers les plans subtils.

Au final le seul vrai désir devrait être celui d'atteindre le but de notre vie c'est-à-dire d'atteindre notre épanouissement personnel. Mais pour y parvenir, il est nécessaire d'acquérir certaines qualités, de gérer nos émotions, d'avoir un cadre de vie agréable, etc. ... Ce sont autant de désirs qui se déclinent sur les quatre niveaux déjà présentés : PEMS.

NIVEAU PHYSIQUE

La santé

Parmi les désirs, ceux qui ont trait à ce sujet occupent une place à part. Ce sont des demandes qui sont toutes orientées vers le rétablissement de la santé.

Si l'état de santé n'est pas correct, on peut considérer qu'un dérèglement s'est produit. Afin d'y remédier, il convient de rétablir l'harmonie. En investiguant sur ce sujet il apparaît que le corps humain et, plus largement, tous les organismes vivants sont dotés d'un pouvoir d'autoguérison que, par ailleurs, toutes les médecines du monde ont pour effet de stimuler. De plus en plus les différentes écoles tendent à s'entendre sur le fait que ce n'est ni le médicament ni le thérapeute qui guérissent, mais que leurs actions aident le malade à se guérir lui-même en stimulant son pouvoir d'autoguérison.

Notre corps physique est le véhicule qui nous permet de faire l'expérience du monde terrestre. Si nous ne prenons pas soin de ce véhicule, il va se montrer défaillant et nous ne pourrons pas réaliser le travail que nous sommes venus expérimenter ici-bas. La moindre des choses est de préserver notre capital santé. Mais ici également une approche lucide s'impose. Si certains sont dotés d'un physique qui leur permet de réaliser des exploits sportifs, d'autres font l'expérience d'une constitution beaucoup plus fragile.

Je conçois la réalisation des désirs comme un moyen d'améliorer la situation grâce à une marge de manœuvre dans le domaine du possible. Il appartient à chacun de prendre conscience des capacités et des limites de sa constitution physique, et d'en tirer le meilleur parti.

D'autre part, tôt ou tard, tout le monde est amené à constater que notre véhicule terrestre est faillible. C'est ainsi que, souvent le désir que l'on souhaite réaliser concerne la guérison, la notre ou celle d'un proche.

L'ARGENT

Il y a quelques années, il me fut donné d'échanger avec un économiste. Ce brillant spécialiste m'expliqua que, bon an mal an, en moyenne, la croissance mondiale progresse d'environ 2% par an. Cette information bouscula les repères du profane que je suis. Je considérais en effet que la richesse mondiale était finie et que c'était uniquement la répartition qui faisait et défaisait les riches et les pauvres au hasard des crises et des périodes fastes.

Or voilà que des spécialistes qui sont loin d'être des rêveurs viennent attester du fait que l'Univers (moyennant le dur labeur des populations bien sûr) est capable de fabriquer de la richesse.

À l'appui de ce constat attesté, je me sentis totalement libéré par rapport au fait de demander à l'Univers de me placer en situation de prospérité puisque la richesse, toute modeste qu'elle fût, qui me serait attribuée ne le serait pas au détriment de mes contemporains qui en avaient tout autant voire plus besoin que moi.

LA PROFESSION

Les sociologues ont calculé que, sous la troisième République, les gens passaient 70% de leur temps au travail. De nos jours, ce chiffre est tombé à 12%. Outre les répercussions que cette évolution peut avoir sur notre société, je souligne que ces 12% de notre temps ont des conséquences sur tout le reste de notre vie : la période de formation initiale qui détermine la profession à venir, la période professionnelle elle-même, et enfin la retraite. D'où la nécessité de gérer au mieux ce pan de notre existence qui s'avère si fondamental pour la réalisation de notre épanouissement personnel.

À l'appui de cette idée, j'ajoute que, quand on rencontre quelqu'un pour la première fois, notre première préoccupation est de savoir ce que cette personne fait dans la vie, comme si l'exercice de sa profession faisait partie de son identité.

On se rend compte que, la plupart du temps, la vie nous mène vers le secteur d'activité qui nous convient, qui correspond à nos compétences et qui participe à la réalisation de notre potentiel personnel.

Sauf que le monde du travail n'est pas le monde des Bisounours. Les difficultés font preuve de beaucoup d'imagination pour nous tomber dessus de partout et nous sommes toujours amenés aux limites de notre inconfort personnel, ce qui s'exprime en langage courant en disant que nous sommes pressés comme des citrons.

La mise en œuvre des techniques de réalisation des désirs dans ce secteur de notre vie semble incontournable afin d'obtenir le positionnement qui nous convient, la reconnaissance de notre potentiel et de nos efforts ainsi qu'un minimum d'harmonie matérielle et relationnelle.

La palette des désirs doit se décliner au cas par cas, mais j'ai coutume de formuler une demande de ce type par une phrase telle que : « J'exerce un travail valorisant et bien payé dès maintenant ».

J'ajoute que plus que tout autre secteur de vie, le monde du travail est évolutif. De nos jours il est totalement différent de celui qu'ont connu nos aïeux il y a cinquante ou cent ans. Et la fréquence avec laquelle interviennent les réorganisations et les restructurations donne à penser que tout ce qui concerne l'activité changera encore et encore dans l'avenir.

Dans ce contexte la réalisation des désirs doit viser plus de bien-être sans hypothéquer toutes les actions qui permettent la réalisation personnelle.

NIVEAU ÉMOTIONNEL : L'AMOUR

ÊTRE AIMÉ

Même si aimer nous propulse sur un petit nuage et nous fait passer par des moments délicieux, c'est le besoin d'être aimé que nous ressentons le plus. Mais nous nous heurtons à un problème considérable, car, comme le chante Francis Cabrel à propos de l'amour « Il n'y en a pas assez pour tout le monde ». Bien sûr il s'agit d'une figure poétique qui ne reflète pas la réalité des choses parce que la Création n'est qu'abondance.

Voilà qui amène à réfléchir : si l'amour existe en abondance dans la Création, pourquoi chacun ne reçoit-il pas son dû ?

Les causes sont multiples et certaines relèvent de divers conditionnements : culturels, familiaux, karmiques et autres ... Mais il est un levier sur lequel nous pouvons agir, c'est celui qui dépend de nous. Souvent si nous ne nous sentons pas aimés, c'est parce que nous ne sommes pas aimables. Sans jeu de mots, une petite introspection nous permet de découvrir que, consciemment ou pas, nous avons décidé que nous ne sommes pas dignes d'être aimés. On se trouve trop gros, trop maigre, trop vieux, trop ceci, pas assez cela. La loi de l'attraction est une loi impartiale qui s'applique partout et tout le temps. Nous attirons ce que nous pensons. Et face à une telle tournure de pensée, nous n'attirons que de la négativité. En nous dévalorisant, nous donnons une image de nous sans cesse dévalorisée.

Pour inverser le processus, il faut juste nous autoriser à être aimés. C'est la clé à partir de laquelle tout va redémarrer. En décidant que nous aussi nous sommes dignes d'être aimés, nous allons donner une autre image de nous-mêmes et attirer un comportement différent des autres à notre égard.

LA RELATION

Nous sommes tous nés avec une polarité, masculine ou féminine et, la vie durant, nous sommes en quête de la partie manquante. Il s'agit de la loi de la dualité. À l'image de la représentation du yin et du yang des taoïstes, le tout est composé de la réunion du masculin et du féminin. Pauvres de nous, nous ne sommes nés qu'avec la moitié du puzzle.

Alors la première idée qui vient à l'esprit est de tout mettre en œuvre pour nous associer avec le complément qui nous manque.

En première analyse il n'y a rien à redire à cette idée. Toutefois, dans cette démarche on se retrouve très rapidement sur le fil du rasoir parce qu'il n'est pas envisageable de tenter quoi que soit qui irait contre la volonté de la personne que nous convoitons. Cette règle est universelle. Elle ne concerne pas uniquement le domaine des sentiments.

C'est pourquoi il convient de faire preuve d'un peu de finesse.

En matière de sentiments, à défaut de pouvoir demander la réalisation de tel ou tel fantasme, il est toujours possible de créer une situation harmonieuse. Cette notion repose sur le constat que, en amour, nous sommes reliés à l'autre par une relation. Si nous sommes libres de faire ce que nous voulons de notre vie, il est inconcevable de faire quoi que ce soit qui imposerait notre volonté à l'autre. Par contre nous sommes partie prenante de la relation, et là nous pouvons agir.

Les désirs liés à l'amour nous mettent obligatoirement en situation de lien avec une autre personne. Et souvent, si nous souhaitons réaliser un désir de cet ordre, c'est qu'un problème s'est fait jour.

Encore une fois, l'Univers fait ce qu'on lui dit sans discernement. Ainsi il faut bien se garder d'émettre un désir qui aurait pour effet de conduire une autre personne à agir comme on le souhaite alors qu'elle ne l'a pas forcément décidé. Attention à la loi du retour qui est implacable.

Mais pour autant, nous ne sommes pas obligés de rester les bras ballants en attendant que la situation évolue. Face à toute problématique liée à une autre personne, la marge de manœuvre consiste non à agir sur l'autre personne, mais à agir sur la relation. Une formulation comme celle-ci peut être utilisée : « Ma relation avec XXX est heureuse et épanouie, maintenant ».

On notera qu'une telle formulation n'oriente en rien l'issue de la relation. Si la réconciliation est possible, elle se produira dans les meilleurs délais, mais si la séparation est inévitable, au moins elle se passera bien.

En écrivant ces lignes, il me revient une phrase qui m'avait interpellé lorsque, collégien, je suivais des cours de latin : *Si unum amicus tuus putaveris, fecit*. Littéralement, cette phrase se traduit par : « *Si tu penseras que quelqu'un est un ami, tu le feras* » ou, en bon français, « *Si tu penses que quelqu'un est ton ami, il le deviendra* ».

Avec un clin d'œil, j'en déduis que les Latins connaissaient déjà la loi de l'attraction et savaient la mettre en œuvre. Plus concrètement, cette maxime montre que notre pensée est capable de nous permettre d'établir le type de relation que nous souhaitons avec une personne donnée.

Prendre le pouvoir

Sachant que l'être humain est un animal grégaire, tôt ou tard nous nous retrouvons en situation d'être tentés d'émettre une demande pour laquelle une autre personne, ou un groupe ou une institution est concerné.

Les techniques de réalisation des désirs sont si puissantes qu'en pareille situation elles nous font courir le risque de « prendre le pouvoir » en quelque sorte sur l'autre personne.

Mais si ces techniques sont puissantes, les lois de la Nature le sont encore plus. La loi de retour en particulier qui agit implacablement et qui renvoie au contrevenant des problèmes sans fin qui lui feront regretter amèrement sa conduite. Et il ne faut pas croire que les protections, quelles qu'elles soient, puissent contrecarrer cette loi implacable.

D'un autre côté, quand une autre personne est impliquée, ne rien faire serait frustrant. Une marge de manœuvre existe. Si on ne peut pas demander que l'autre personne fasse ceci ou cela, il est possible et même conseillé d'agir sur la relation qui nous unit à cette personne. En faisant en sorte, par exemple, que cette relation rayonne d'une parfaite harmonie.

Bien qu'ayant lu beaucoup de littérature sur ce thème, je n'ai trouvé aucun auteur qui ait osé aborder ce sujet. Ni Bob Proctor, ni Rhonda Byrnes, ni Napoléon Hill ne le mentionnent. Probablement parce qu'il est délicat. Seul, Daniel Sévigny dans son livre « *Les clés du secret* » donne des indications. « *Prendre le pouvoir sur l'autre fera en sorte qu'on prendra le pouvoir sur vous par la manipulation ou que l'Univers agira en communion avec les énergies de votre entourage pour le retour de la prise de pouvoir sur l'autre, ce qui ne sera pas nécessairement à votre avantage dans votre quotidien* ».

Bien que sa formulation soit approximative, on comprend que, par application de la loi de retour, prendre le pouvoir sur quelqu'un aura pour conséquence que, tôt ou tard, quelqu'un prendra le pouvoir sur nous.

Sans mettre ces deux idées en relation, cet auteur donne dans un autre chapitre un palliatif à cet interdit. « *Une expérience impressionnante que je vous propose est l'envoi de roses rouges sous forme d'énergie. À cette fin, il faut visualiser le destinataire recevant un magnifique bouquet. Si vous faites parvenir en énergie des roses rouges à votre conjoint, vos enfants, vos parents, vos amis, votre patron, vos collègues de travail, etc. ... vous ne verrez probablement pas une très grande différence dans leur attitude si votre relation est positive, car vous êtes déjà dans une symbiose optimale.*

Cependant, si vous vivez une relation conflictuelle, ce qu'il y a de remarquable, c'est que le conflit se terminera, et cela immédiatement. Le comportement de la personne avec qui vous êtes en conflit va changer de manière radicale ».

Cette proposition se présente comme une technique permettant de soigner la relation. Mais d'autres possibilités existent telles que, par exemple, la visualisation d'un lien solide et harmonieux ou l'envoi de lumière vers la relation.

J'ajoute qu'il est toutefois possible de réaliser une action qui impacte une autre personne. Il suffit de demander l'autorisation à la personne elle-même si la situation le permet, ou sinon à l'Univers. Si un cas d'urgence se présente, il est inutile de tergiverser. Il faut agir. Mais en même temps il faut passer une sorte de convention avec l'Univers stipulant que si notre action est inopportune elle soit annulée ou redirigée vers un destinataire qui en a besoin.

Demander l'autorisation

Lorsque l'on rencontre quelqu'un qui est en difficulté, quelqu'un qui souffre, quelqu'un qui est empêtré dans ses difficultés, il est courant de ressentir une envie spontanée d'aider cette personne. Mais il se trouve toujours quelqu'un dans votre entourage ou une petite voix dans votre tête qui vous dit : « As-tu demandé l'autorisation ? »

C'est agaçant tout de même de toujours être freiné dans nos impulsions, surtout si elles sont louables, et surtout si la personne en souffrance éveille en nous un sentiment d'urgence à agir.

Alors, je le dis tout de suite. Oui, s'il y a urgence, il faut agir immédiatement et ne pas tergiverser et ne pas se poser de questions. Sinon il y a non assistance à personne en danger. Dans ce cas, il ne faut pas hésiter et agir immédiatement.

Mais il reste tous les autres cas. On aimerait bien savoir par exemple pourquoi cette personne de notre entourage continue une relation bancale qui ne peut que la rendre malheureuse, ou bien pourquoi cette autre personne s'enlise dans un comportement malsain qui ruine sa santé à petit feu. Pour nous qui ne sommes pas impliqués, souvent la solution nous saute aux yeux, pourtant nous ne pouvons rien faire sans avoir demandé la permission.

Pourquoi ?

Comment demander ?

Avant de répondre au pourquoi, il est bon de s'interroger sur le comment.

Les radiesthésistes, pendule en main, demandent successivement : « Puis-je ? Dois-je ? Suis-je autorisé ? » Il faut obtenir une réponse affirmative à ces trois questions pour pouvoir continuer. Sinon, on peut toujours essayer d'obtenir des compléments de réponse.

Mais si nous n'avons pas un pendule sous la main (ou dans la main plutôt) nous pouvons nous débrouiller autrement. Il appartient à chacun de trouver sa façon de faire. Personnellement, ma méthode, pour aussi étonnant que cela puisse paraître, est inspirée du rugby. Quand l'essai est transformé, l'arbitre lève son drapeau bien haut. Si c'est loupé, le drapeau reste en bas. De même, lorsque je demande si je suis autorisé à faire quelque chose, ou si j'ai une question à poser qui amène une réponse par oui ou par non, je visualise un petit bonhomme qui, drapeau en main, me répond oui, non ou peut-être. L'avantage de cette méthode est de permettre une réponse très nuancée qui va du non au oui en passant par le plutôt non, peut-être, plutôt oui ou oui franc avec une graduation qui s'étend potentiellement sur 180°.

À qui demander ?

Demander, la démarche est louable. Mais demander à qui ? Quand on pose la question, qui répond ?

La réponse est à la fois fumeuse et précise. On peut considérer que l'Univers est ordonné, qu'il répond à une logique qui nous dépasse et que, en conséquence, lorsque nous lui posons telle ou telle question, il est en mesure de nous donner la réponse la plus pertinente.

Mais, pour peu que l'on ait fait quelques pas sur le chemin spirituel, on peut demander à nos guides. Pourquoi « nos » guides et pas « notre » guide ? Cette question mériterait un long exposé dans lequel je me lancerai peut-être un jour. Quoi qu'il en soit, on peut considérer que la question s'adresse à quelqu'un qui en sait plus sur nous que nous et qui, de la position élevée qu'il occupe, a une bien meilleure vision sur nos tenants et aboutissants.

Trois bonnes raisons

La première est que, souvent, nous n'avons pas besoin de savoir. C'est cette curiosité qui nous pousse à nous mêler de ce qui ne nous regarde pas ! Nous mêler de la vie des gens ne peut être toléré que si cela permet de faire avancer les choses, sinon nous n'avons pas besoin de savoir. Savoir que untel couche avec une telle ne nous regarde pas, c'est leur problème ou leur grand bonheur, c'est selon. Par contre si cette information nous est nécessaire pour intervenir avec tact dans une situation qui nécessite aide et soutien, notre guide saura nous distiller le degré d'information suffisant.

La deuxième raison relève de l'intention. L'information que nous demandons ou la permission d'agir que nous sollicitons ne peut être accordée que si notre intention est louable et motivée par un souci d'aide, de soutien et de rétablissement de l'harmonie. Si vous agissez pour juger, pour vous moquer, pour vous délecter du malheur des autres, vous pouvez passer votre chemin. Les guides vous feront savoir qu'ils sont occupés ailleurs et qu'ils ont mieux à faire que répondre à vos préoccupations malsaines.

La troisième raison enfin est très subtile et ne peut être connue de nous. Quand vous voyez quelqu'un en difficultés, vous avez envie de lui tendre la main pour l'aider. Mais ces difficultés que traverse untel, à quoi sont-elles dues ? Il convient de se rappeler que nous avons tous un chemin de vie jalonné d'expériences que nous devons traverser ou affronter pour réaliser notre évolution personnelle. Chacun de nous a des expériences différentes à réaliser. Pour peu que l'on ait acquis un certain savoir-faire, il est tentant de faire en sorte que la personne évite ce vécu difficile à venir. Mais il s'agit d'une grave erreur. La personne va être privée du vécu si compliqué soit-il qui lui aurait permis d'évoluer. Le praticien va alors charger son propre karma pour avoir empêché cette personne d'évoluer.

Il est ainsi important de demander l'autorisation avant de faire quoi que ce soit.

Cela dit, s'il s'avère que la difficulté est d'ordre karmique, il est toujours possible d'aider la personne à travailler sur son karma.

NIVEAU MENTAL : LA PERSONNE QUE JE VEUX DEVENIR

Il s'agit de la clé du sujet. Souvent, la réalisation d'un désir passe par la mise en œuvre d'une pensée adéquate.

Réaliser un désir au plan mental doit commencer par l'apprentissage de la gestion de nos pensées. Une attitude vigilante permet de se rendre compte que, souvent, des pensées en boucle envahissent notre mental. « J'en ai marre de ce boulot, mais je ne peux pas en changer parce que ceci ou parce que cela ... ». « Je mérite une augmentation, mais je n'ose pas aller la demander ». « Je voudrais jouer au foot avec les copains, mais je n'ai pas le niveau ». Etc. ...

La première étape donc, consiste à mettre un terme à toutes ces pensées. Ensuite il faut savoir ce que l'on veut obtenir, mais cette attitude n'est pas anodine. En poussant à peine la réflexion sur les désirs que l'on souhaite réaliser au plan mental, on se rend compte que cette démarche nous conduit à réfléchir à la personne que l'on veut devenir.

Il n'est plus question de conjuguer le verbe avoir comme c'était le cas au plan physique et matériel. À présent, sur le plan mental, il s'agit de conjuguer le verbe être. Je suis la personne que je suis, mais maintenant je vais devenir la personne que je veux être.

Souvent il s'agit d'une qualité que l'on veut acquérir. Si on a peur de tout, le désir à réaliser peut s'exprimer par une affirmation du type de celle-ci : « Je suis courageux maintenant et en toute circonstance ». Ou bien on peut cibler un besoin précis « Quand je parle en public, je suis heureux et convaincant ».

NIVEAU SPIRITUEL : DÉVELOPPEMENT PERSONNEL

Tous les désirs que l'on souhaite voir se réaliser devraient avoir ce but en ligne de mire. En effet, quel est le but ultime de notre cheminement personnel ? Ce n'est probablement pas de posséder une belle voiture ou d'avoir un compte en banque bien garni.

Le but de notre vie est de réussir notre vie.

Cette préoccupation est évidente, mais que signifie-t-elle vraiment ?

La plupart du temps nous sommes bien en peine pour répondre à cette question parce qu'à notre naissance nous sommes frappés d'amnésie. La conséquence est que, si nous en sommes là, nous ne savons pas pourquoi. Alors qu'avant de nous incarner, nous avons choisi de venir faire l'expérience du plan de la matière avec des buts bien précis ayant pour effet de nous confronter à des situations plus ou moins agréables ou plus ou moins difficiles en fonction des problématiques à affronter avec les outils qui nous étaient donnés.

Mais comme nous avons perdu de vue les buts à atteindre, nous errons de situations délicates en problèmes à résoudre comme des âmes en peine déboussolées. Cela provient de ce que nous focalisons sur ce qui ne va pas en oubliant tous les aspects positifs de nos vies.

Les règles du jeu sont ainsi et nous ne pouvons aller contre ce processus. Par contre, avertis que nous sommes de notre capacité à prendre notre destin en main, nous pouvons tout mettre en œuvre pour avancer en ligne droite au lieu d'avancer en zigzaguant et tâtonnant.

Lorsque l'on se préoccupe de définir des désirs à connotation spirituelle, il n'est plus question d'acquisition de biens matériels. Il n'est plus question de résoudre quelque problématique en relation avec le boulot, les amours ou l'argent. À présent la question est de savoir ce qu'il faut faire pour réussir notre vie, c'est-à-dire pour exploiter de la façon la plus épanouissante possible le temps que nous avons à passer sur cette planète.

À cette fin, même s'il est de bon ton de les respecter, la question n'est pas non plus de se référer à un quelconque code moral que l'on appliquerait aveuglément.

Je n'ai pas la prétention d'amener une réponse toute faite. Je considère juste que la recherche personnelle est le meilleur moyen de prendre conscience de la direction que nous devons donner à notre existence ainsi que des attitudes à adopter.

Au hasard d'un courrier, dans sa « *Correspondance avec son mari* » Alexandra David-Neel écrit : « *Il vaut vieux savoir que croire* ». Cette phrase est une injonction à chercher par soi-même et pour soi-même. Ce questionnement est orienté tout à la fois vers le sens de la vie et vers le sens de notre propre vie. Il s'agit autant d'une recherche intérieure que d'une recherche livresque susceptible de nous amener des réponses émanant des expériences, des connaissances et des réflexions d'autres chercheurs qui nous ont précédés sur ce chemin difficile et passionnant.

Mais il existe un autre angle d'approche. J'ai coutume de dire que l'être humain repose sur deux jambes : la raison et l'intuition qui correspondent respectivement au cerveau gauche et au cerveau droit. Par le terme « raison », j'entends tout ce qui relève de la réflexion, de la pensée, du concret, de la science, tout ce qui est cartésien. Dans nos sociétés, c'est la direction qui a été développée. Et quand on voit les progrès scientifiques, notamment dans le domaine médical, je m'en félicite.

Mais je déplore que l'autre partie nommée « intuition » ait été pour le moins délaissée, souvent critiquée, moquée, tournée en dérision. Le cerveau gauche nous parle par images et par symboles. Ce sont des informations qui viennent s'inscrire sur l'écran de notre conscience sans être passées par la case réflexion, souvent parle-t-on d'inspiration.

Je disais un peu plus haut que, schématiquement, en nous incarnant nous oublions ce pour quoi nous sommes venus. Le cerveau gauche pour peu qu'on développe cette façon de communiquer est susceptible de nous éclairer sur le chemin qui est le nôtre. Il suffit de se mettre à l'écoute de nos intuitions et d'ouvrir ce canal de communication en le prenant en considération. La méditation peut grandement contribuer à le développer.

Pour l'exprimer sans détour, cette attitude concerne tout ce que je nomme « communication avec les guides ». (Voir page 52)

TOUS CO-CRÉATEURS !

La mention la plus ancienne du terme co-création que j'ai trouvée remonte à la création du jardin de Perelandra. Après une enfance malheureuse, Machaelle Small Wright, une Américaine qui vit en Virginie, s'installe à la campagne avec son compagnon. L'idée de faire un potager s'impose d'elle-même, d'autant plus que cela constitue une aide matérielle appréciable pour le couple. Mais Machaelle a une façon bien personnelle de s'y prendre. Au lieu d'utiliser les méthodes habituelles, un jour, elle s'isole dans son jardin qui est en train de voir le jour et déclare avec force et conviction qu'elle veut travailler avec la Nature. Elle exprime à haute voix son désir profond de créer un partenariat avec elle.

Machaelle Small Wright raconte comment, pour créer puis pour entretenir son jardin, elle consulte les êtres de la Nature. Sans qu'elle emploie le terme, on peut considérer qu'elle se met en état de méditation et, durant ces méditations qu'elle appelle « conings », elle invoque les êtres de la Nature concernés par la question qu'elle souhaite aborder. Ce processus est très élaboré. « *Un véritable coning a une composante d'équilibre qui lui est inhérente. J'entends par là un équilibre entre la Nature et l'âme humaine. Pour que nous puissions pleinement faire l'expérience de quelque chose, il nous faut la percevoir de façon équilibrée. C'est-à-dire que la dynamique de l'âme ou de l'esprit (évolution) et celle de la forme / nature (involution) doivent se combiner et se refléter de manière égale* ».

Les notions d'involution et d'évolution renvoient à la particularité de la communication avec l'Univers qui fonctionne dans les deux sens : l'involution concerne les flux d'informations issus de l'Univers se manifestant dans la matière, tandis que l'évolution concerne toutes les informations émises sur le plan de la matière et ayant des répercussions sur les plans subtils.

Lorsque Machaelle Small Wright procède à un coning, elle réunit ce qu'elle nomme une équipe. Afin que la composition de cette équipe soit équilibrée, elle comprend des interlocuteurs adéquats en fonction du sujet à traiter, chacun à un rôle déterminé en relation soit avec le processus d'involution, soit avec le processus d'évolution.

Pour l'involution elle convoque ce qu'elle nomme un architecte de la Nature, c'est-à-dire un Deva. « *La connexion dévique garantit que le travail entrepris va s'intégrer dans la direction et le dessein de la Nature pour le domaine concerné. Le niveau dévique crée et planifie également sous forme de solutions et de modes d'action les réponses appropriées aux situations et aux problèmes spécifiques que nous voulons gérer. Chaque coning a son Deva particulier* ».

Toujours pour l'involution, elle convoque le représentant le plus élevé de ceux qui vont faire le boulot, en l'occurrence les êtres de la Nature. Ce représentant est le dieu Pan. « *C'est le seul esprit de la Nature dont la dynamique est universelle et qui est impliqué dans toutes les activités relevant de ce plan d'êtres* ».

Concernant la partie évolution, elle convoque le ou les guides concernés par le sujet. Elle nomme l'assemblée des guides « la Fraternité Blanche ». « *Les membres de la Fraternité Blanche ont leur place dans un coning équilibré car leur présence permet à ce coning de se maintenir dans l'axe de la dynamique aquarienne* ». C'est à dire en harmonie avec l'ère du Verseau. Plus loin elle ajoute « *il est préférable de demander à être relié aux membres de la Fraternité Blanche les plus appropriés* », c'est à dire les plus compétents pour intervenir sur le sujet que l'on souhaite aborder.

Enfin, pour la partie évolution elle indique qu'il faut inviter notre Moi Supérieur qu'elle considère comme étant la partie la plus élevée de notre être. « *Nous intégrons notre Moi Supérieur dans tous les conings que nous créons de façon à ce que le travail soit compatible avec notre propre vocation supérieure et avec ses objectifs. Le simple fait de relier son Moi Supérieur au coning permet d'en recevoir automatiquement les impulsions* ».

De prime abord, il apparaît que les considérations élaborées par Machaelle Small Wright dans le but de créer et développer son jardin sont universelles et peuvent s'appliquer à tous les domaines. Elle-même mentionne cette idée en donnant plusieurs pistes d'application des conings, notamment dans le domaine de la santé. En ce qui nous concerne, cette technique représente un pilier sur lequel nous appuyer en matière de réalisation des désirs.

J'en retiens deux notions fondamentales. Tout d'abord, en creux, il s'avère que la notion de coning met en évidence le fait que nous disposons d'une liberté absolue seulement en ce qui concerne nos intentions et nos pensées. Par contre, dès que nous voulons réaliser quoi que ce soit, notre volonté doit respecter les contraintes de la Création, dont les Deva et les êtres de la Nature sont les garants, ainsi que celles qui relèvent du contexte du moment, en l'occurrence l'ère du Verseau, ce sujet étant placé sous la vigilance des membres de la Fraternité Blanche et, pour finir, de notre devenir propre.

Il apparaît donc que la réalisation d'un désir s'inscrit dans un cadre précis.

Par ailleurs, comme notre liberté d'action est limitée et comme notre niveau de conscience n'est pas suffisamment élevé pour savoir si notre désir est compatible avec les exigences de la Création, le mieux est de demander l'autorisation, ce qui est binaire, voire trivial, puisqu'une question de type « Puis-je ... ? » amène une réponse oui/non. Il vaut mieux aborder le sujet en demandant « Comment faire pour ... ? » afin d'étudier voire de négocier la façon d'intégrer la réalisation de ce que l'on souhaite dans la Création. Bien sûr, si le sujet est hors de propos, les êtres de la Nature et les guides sauront nous le faire savoir et n'hésiteront pas à nous taper sur les doigts si nécessaire. Ce sont ces questions qui doivent être abordées durant le coning lui-même.

Depuis les travaux de Machaelle Small Wright, la notion de co-création a été largement diffusée et utilisée dans différents contextes qui, au final, ont sensiblement étendu sa signification.

Nous sommes co-créateurs. Ce terme peut s'entendre en considérant qu'une partie de tout ce qui sous-tend notre existence relève de notre conditionnement et que le reste dépend de la façon que nous avons d'utiliser notre libre arbitre.

Or le conditionnement c'est nous qui nous le sommes provoqué par le karma depuis des vies et des vies. En poussant le raisonnement, on se rend compte que nous sommes aussi les créateurs de nos conditionnements. Donc nous ne sommes pas seulement co-créateurs, mais en grande partie créateurs de nos vies.

D'où l'injonction de se créer du bon karma dès maintenant. Ce sera utile pour la suite. Le jardin est en friche, il est le résultat des actions passées. Nous allons commencer par en défricher un bout puis un autre et un autre encore. Ainsi la tendance à la friche va céder la place à une autre, ordonnée selon le sens que désormais l'on souhaite donner à notre vie. Les résultats auront des effets mineurs à court terme et des effets beaucoup plus profonds au fil du temps, avec des répercussions sur les vies à venir.

Ce constat nous confère surtout une immense responsabilité. Il n'est plus question à présent de rejeter la responsabilité de tout ce qui ne va pas sur les autres. Il nous faut affronter la situation à laquelle nous sommes confrontés, l'assumer et faire en sorte de l'améliorer.

Notre responsabilité est d'autant plus grande que l'être humain est habité par une parcelle de conscience issue de la conscience universelle. Nous sommes une parcelle de conscience incarnée, une parcelle de conscience détachée de la grande conscience universelle qui est capable de créer l'Univers manifesté à partir d'une intention. À ce titre, nous sommes co-créateurs de l'Univers.

D'autre part, l'impulsion que nous donnons pour réaliser un désir lance un signal à l'Univers qui va rechercher toutes les vibrations en harmonie avec ce désir, car dans l'Univers tout est vibration. Par application de la loi de l'attraction, les vibrations qui sont en affinité se syntonisent, se regroupent et s'amplifient les unes les autres.

Cependant, s'il suffisait d'émettre un désir pour qu'il se réalise, nous serions tous les rois du pétrole, nous serions des êtres comblés. Il faut bien reconnaître que voir se matérialiser nos aspirations n'est pas une tâche aisée.

Si, de nos jours, on constate que l'idée d'être tous co-créateurs de nos destinées est très répandue, il ne faut pas voir seulement le côté verre à moitié plein de cette expression. Certes nous avons une part de liberté lorsqu'il s'agit de décider de ce que nous voulons faire de notre vie, mais nous ne sommes pas les créateurs de notre destin, seulement des co-créateurs. Ce qui implique que quelque chose ou quelqu'un décide avec nous. Cette remarque représente un premier niveau de constat. Mais en poussant la réflexion plus avant, il apparaît que, selon certains référentiels, c'est nous-mêmes qui avons semé des embûches sur notre parcours, nous qui sommes responsable de notre karma, nous également qui avons décidé de nous incarner dans cette vie, dans ce corps, cette famille, cette époque, cette société ... Nous encore qui décidons ou non de gérer nos émotions, nos peurs, nos pensées. Nous enfin qui souhaitons subir les évènements ou les affronter et décider dans la mesure du possible de la direction que nous désirons leur donner.

Ainsi, en ne limitant pas le point de vue à notre vie en cours, mais en l'élargissant au processus d'évolution, on se rend compte que nous sommes responsables de notre destinée. Nous ne sommes pas uniquement les co-créateurs, mais les créateurs de notre vie.

Cette vision macroscopique de notre chemin d'évolution provoque une incitation à redresser la barre de notre destin et à lui donner une direction plus épanouissante. Mais la manœuvre ne peut être exécutée que dans le cadre d'un certain nombre de contraintes. Comme indiqué ci-dessus avec la technique des conings, la mise en œuvre doit s'effectuer en tenant compte d'un certain nombre de paramètres. Il convient également de souligner que le point de départ, c'est-à-dire notre situation présente, est également soumise à un certain nombre de limitations parmi lesquelles je mets principalement en exergue le karma et l'astrologie, sans oublier notre positionnement intérieur qui s'entrave dans nos doutes et trébuche sur nos peurs.

IDENTIFIER NOS LIMITES

PRENDRE CONSCIENCE DE NOTRE PART DE CONDITIONNEMENT

La phase suivante est un peu plus délicate. Elle consiste à **prendre conscience de notre part de conditionnement**, c'est-à-dire de notre karma. Pourquoi certaines personnes subissent-elles une précarité professionnelle alors que d'autres, moins diplômées ou moins qualifiées, décrochent des places valorisantes, stables et bien payées ? Pourquoi certaines personnes jouissent-elles d'une forte vitalité qui leur permet de réaliser des excès alors que d'autres sont obligées de s'économiser pour tenir le coup ? Pourquoi certaines personnes vivent-elles en couple avec des partenaires insupportables alors que d'autres traversent la vie près d'un conjoint paisible et aimant ? Chacun a un vécu qui lui est propre. Et chacun doit identifier les expériences bonnes ou mauvaises auxquelles il est confronté spontanément en arpentant son parcours personnel.

Annie Besant aborde ce sujet par une analogie très claire : « *Karma nous rapporte une moisson proportionnée à ce que nous avons semé ; la récolte sera maigre ou fructueuse, selon les soins appropriés au labour et aux semailles* ».

La prise de conscience de notre chemin de vie et la prise de conscience de notre part de conditionnement constituent en quelque sorte les données de départ, le décor, les fondations sur lesquelles nous pouvons bâtir notre destinée individuelle. Dans ce contexte, la réalisation des désirs ne concerne pas la réalisation des fantasmes secrets et inavouables. Il s'agit plutôt d'un outil nous permettant de nous épanouir dans le destin qui est le nôtre. Lorsque tout le décor prédéterminé est dressé, on se rend compte que, malgré tout, il demeure une place considérable pour exprimer notre libre arbitre.

Même s'il m'en coûte, je ne peux pas occulter le fait que les auteurs de livres sur la loi de l'attraction nous roulent dans la farine. Il ne suffit pas de penser que l'on est riche pour devenir millionnaire. Cette affirmation est probablement porteuse d'un point de vue commercial pour les auteurs de ces livres, mais elle est si réductrice que, finalement, elle ne repose sur aucune réalité.

Lorsqu'il s'agit de prendre notre destin en main, il convient de se rappeler de réaliser notre propre destin et non de réaliser quelque fantasme véhiculé par notre société comme la richesse ou une histoire idéalisée.

Ainsi la première étape consiste à se regarder le nombril pendant quelques instants ou quelques jours afin de prendre conscience de la personne que l'on est et également de prendre conscience de ce que l'on est venu réaliser sur cette Terre, ce que j'appelle « **prendre conscience de notre chemin de vie** ». Énoncée de cette façon, cette démarche peut sembler utopique et irréalisable. Pourtant elle est très simple. Si l'on a un peu vécu, on se rend vite compte de la direction vers laquelle le destin nous a orientés. Professionnellement par exemple, exerçons-nous le métier d'artisan, d'enseignant, de personnel soignant … ? Si nous nous sentons à l'aise dans cette voie, c'est celle que nous devions prendre sinon, si nous souhaitons nous réorienter, vers quel métier souhaitons-nous nous diriger ?

Bien sûr ce questionnement ne se résume pas au seul secteur professionnel, il s'étend à tous les aspects de notre vie : la vie sentimentale, nos particularités physiques (sommes-nous une force de la nature ou avons-nous une constitution fragile ?), le niveau social, l'environnement dans lequel on évolue, etc. ...

Ce regard objectif sur notre condition permet en quelque sorte de dresser le décor dans lequel nous évoluons. Si j'insiste sur ces aspects, c'est pour souligner que notre condition présente, physique, sociale, familiale ... ne nous laisse pas une liberté absolue, elle limite notre capacité d'action tout en lui donnant un cadre.

CONSIDÉRATIONS SUR LE KARMA

Pour mémoire, dans la tradition orientale, il existe trois sortes de karma.

*«**Sanchita karma** comprend tous les mérites et démérites accumulés dans la vie précédente et dans toutes les vies antérieures.*

*La partie de Sanchita karma destinée à influencer la vie humaine dans une incarnation donnée ou dans la présente, s'appelle **Prarabaha**.*

*La troisième sorte de karma est le résultat des mérites ou démérites des actes présents. **Agami** s'étend à toutes vos paroles, vos pensées, vos actes.*

Ce que vous pensez, ce que vous dites, ce que vous faites, ainsi que les résultats de vos pensées, paroles et actes, sur vous-mêmes, et sur ceux que cela peut affecter, tombe dans la catégorie du karma présent, qui ne manquera pas de faire pencher la balance de votre vie vers le bien ou le mal dans votre futur développement».

The Theosophist. Vol. X, p. 235.

COMMENT AGIR SUR LE KARMA

Dans la modélisation de la Création que j'ai présentée plus haut, le karma se situe au niveau de l'âme. Il est véhiculé par le corps causal. Avec les autres corps subtils, le corps causal, de vie en vie, s'incarne dans un corps physique, amenant avec lui la mémoire des vies passées.

Mais le karma n'est pas immuable, il s'enrichit au fur et à mesure. C'est pourquoi la première des notions, et peut-être la plus importante à garder présente à l'esprit, est que le karma de demain se crée aujourd'hui, au jour le jour. Quoi que nous ayons fait dans le passé ou les vies passées, il n'est jamais trop tard pour faire en sorte de ne pas aggraver la situation, et au contraire l'infléchir vers plus de positivité et plus d'épanouissement. Sur cet aspect, je donne encore une fois la parole à Annie Besant : « *(...) il s'opère, dans le corps mental comme dans le corps physique, un renouvellement continu, et chaque particule disparue doit normalement être remplacée par l'arrivée d'une particule de même nature. Du jour où l'Homme, remarquant en son esprit des tendances mauvaises, entreprend de les modifier, il met en jeu des vibrations d'un genre nouveau (...). Graduellement, à mesure que les anciennes particules sont rejetées et remplacées par celles susceptibles de répondre aux vibrations nouvelles (...) le corps mental change de caractère (...) sa matière se renouvelle, et ses vibrations finissent par être répulsives envers les pensées mauvaises, et attractives envers les bonnes* ». Pour plus de clarté, je précise que, dans cet extrait, Annie Besant mentionne le corps mental, mais que les informations circulent d'un corps à l'autre, ainsi qu'elle le précise plus loin : « *C'est dans le corps causal que sont assimilés tous les résultats durables de l'activité humaine* ».

Pour le reste, le karma que nous avons accumulé est là et il faut faire avec. Ce constat pourrait sembler bien affligeant, mais il s'avère que nous disposons de certaines clés. L'expérience montre en effet que plus nous établissons nos vibrations à un niveau élevé de la Création et moins le karma se manifeste avec violence. L'enjeu est considérable. Les efforts réalisés pour élever notre niveau vibratoire se paient en confort de vie, bien-être, joie, épanouissement personnel et même bonheur.

Mais soyons réalistes, à ce stade le karma existe toujours. Pour qu'il disparaisse, il faudrait que notre niveau de conscience se soit établi au-delà du plan causal. Seuls les êtres éveillés en sont capables.

Même si cette comparaison est caricaturale ou surprenante, je fais une comparaison entre le karma et Internet. Internet n'oublie jamais rien. Je me souviens par exemple de cette histoire qui avait été relatée dans un reportage télévisé. Un jeune, lors d'un séjour aux États-Unis, avait été pris en flagrant délit d'excès de vitesse. Et il avait été condamné. Mais la loi américaine est ainsi faite que les « repris de justice », même pour des forfaits sans gravité, voient leur photo de condamné publiée sur Internet. Quelques années plus tard, le jeune homme avait grandi et se trouvait sur le marché du travail. Bien sûr, avant d'embaucher quelqu'un, le réflexe de tout employeur est de consulter Internet. Et évidemment, chaque fois, la photo du jeune homme en repris de justice apparaissait en premier, ce qui était dissuasif pour lui donner une chance de commencer sa vie professionnelle.

Le jeune homme consulta une agence spécialisée. L'un des leviers utilisés par ces agences est de demander l'effacement de l'information gênante, comme si on demandait l'effacement d'une dette karmique. Mais on n'obtient pas toujours une réponse positive, surtout lorsqu'il s'agit de l'administration américaine. L'autre levier possible est de diluer l'information, en l'occurrence en multipliant sur Internet la diffusion de parutions mettant en scène le jeune homme dans des situations positives, élogieuses, ou au moins banales et anecdotiques, afin que la photo délicate soit reléguée suffisamment loin pour limiter sa probabilité de consultation.

L'analogie avec le karma fonctionne bien. Quelles que soient les actions indélicates que nous ayons pu commettre et qui ont généré un karma difficile, le but est de les « noyer » sous un flot d'actions positives générant un karma plus agréable.

Positionnement intérieur et karma

Outre le fait de prendre conscience de notre part de prédestination, il est possible d'alléger la peine liée à ce conditionnement. Ce point aborde un sujet dans lequel nous sommes tous empêtrés. Comment gérer le karma ? Par quel bout l'aborder ? Comment l'effacer ? Comment l'affronter ?

Je n'ai pas la prétention d'apporter une réponse définitive à ces interrogations. Néanmoins quelques remarques de bon sens s'imposent. Tout d'abord la meilleure des attitudes est de regarder la situation en face. Nier le karma est le meilleur moyen de l'amener à se répéter avec toujours plus de virulence.

Quand on a identifié notre karma, quand on le connaît, que pouvons-nous faire ? Tout d'abord l'assumer. Une approche positive amène à considérer que ce karma est là parce qu'il est nécessaire à notre évolution personnelle. Il est le fruit des bonnes réalisations que nous avons effectuées dans le passé (le karma positif existe, ne l'oublions pas), mais également des erreurs insignifiantes ou catastrophiques que nous avons commises. On serait parfois tenté de vouloir effacer l'ardoise, mais ce serait trop simple.

L'attitude prudente consiste à ne pas aggraver notre cas. Le fait de comprendre notre karma, de l'assumer et de l'accepter va dans ce sens.

Dans le cadre de la réalisation des désirs, on peut demander de l'aide pour l'assumer, le réduire ou même l'effacer.

J'ai rencontré une dame qui était nonne dans sa précédente vie. Sous l'effet d'une foi puissante, elle avait alors passé un contrat avec Dieu, c'est-à-dire qu'elle avait prononcé des vœux de célibat et de chasteté. Et il s'avère que ces vœux qui avaient une tournure définitive ont perduré dans cette vie-ci avec pour conséquence fâcheuse, outre le célibat, la génération de problèmes gynécologiques. La solution était bien sûr de prendre conscience de ce vécu lié à sa vie passée et d'établir la relation de cause à effet avec ses problèmes actuels. Mais l'action curative consistait également à demander l'annulation de ses vœux qui n'avaient plus lieu d'être dans cette vie-ci.

La même personne, qui décidément ne s'était pas choisi un chemin de vie facile, devait affronter une charge de travail difficilement supportable. L'erreur eût été de changer de profession parce que, dans un autre métier, le résultat aurait été le même, voire pire. Renseignement pris, ce karma remontait au temps de l'esclavage durant lequel la personne en question occupait un rôle actif du côté de l'oppresseur. Une façon d'alléger ce karma consistait à en prendre conscience, à l'assumer et surtout à demander un pardon profond et sincère à toutes les personnes qui avaient souffert de sa conduite. Dans ce cas, le désir à réaliser consistait à demander comment faire pour alléger ce fardeau.

Karma à maturité

Je précise que le karma auquel je fais allusion ci-dessus est un karma à maturité, c'est-à-dire un karma qui se manifeste dans notre vécu. Ce qui donne à penser qu'il en est du karma comme des autres manifestations de la Création, c'est-à-dire qu'il est présent à un niveau subtil avant de se manifester sur notre plan d'existence physique.

D'où l'idée qui vient immédiatement à l'esprit et qui consiste à agir sur le karma avant sa manifestation.

L'idée semble excellente. On efface le karma et on vit tranquille. Oui, mais, comme dit par ailleurs, le karma est nécessaire à notre travail d'évolution. Donc il n'est pas recommandé de l'effacer, par contre on peut agir afin de limiter ses conséquences, surtout si elles sont néfastes.

Pour aborder ce phénomène d'un autre point de vue, on peut considérer que, à l'image de toute la Création, le karma s'incarne lui aussi depuis les couches subtiles vers notre plan de la matière. Un karma à maturité est un karma manifesté sur notre plan.

Mais, alors que la Création va du subtil vers la matière, le travail d'évolution nous fait passer de la matière vers des plans toujours plus subtils. Appliqué au karma, le travail d'évolution nous fait remonter aux origines de sa manifestation. Dans le meilleur des cas, il s'agit de prendre connaissance de l'évènement ou de la situation qui a généré ce karma.

Plus on remonte vers les plans subtils, plus notre niveau vibratoire augmente et plus un karma donné s'allège.

Si on arrive à prendre conscience de l'origine de ce karma, on peut procéder à l'opération consistant à ce que j'ai appelé par ailleurs « Reprogrammer la fractale ». Cela consiste le plus souvent à pardonner ou à demander pardon.

Il peut également être question de négocier avec les principes de l'Univers, c'est-à-dire à demander un allègement voire une annulation de karma afin d'être disponible pour se consacrer à une tâche plus noble telle qu'aider son prochain.

L'ASTROLOGIE

Le thème astral décrit la personne que l'on est et le timing des grands évènements de notre vie. On ne peut pas y échapper. Par contre tout dépend du niveau auquel le thème est vécu. Ce qui nous renvoie encore au système PEMS (Physique, Émotionnel, Mental, Spirituel). Un thème vécu au niveau Physique met en scène un natif dont les préoccupations sont matérielles, c'est à dire cupides, etc. ... Le même thème vécu au niveau spirituel montre quelqu'un qui considère que notre séjour sur terre n'est que passager, que les vraies préoccupations sont ailleurs et que détériorer la belle planète qui nous héberge temporairement pour quelques profits matériels à très court terme n'est que contreproductif.

L'approche astrologique ajoute une notion de complexité au processus de réalisation des désirs. La réalisation des désirs consiste à contacter le domaine de toutes possibilités offert par l'Univers et à l'orienter vers la réalisation de tel ou tel souhait que nous souhaitons voir se matérialiser dans notre vie. Hélas le processus est complexe. Notre thème astral est là pour nous le rappeler. Ma longue expérience d'astrologue m'a permis de me familiariser avec cet outil fascinant qu'est l'astrologie, mais également à en déplorer les limites en termes de développement personnel.

Pour faire court, votre thème natal indique vos points forts, mais également les domaines qui vont vous titiller pendant toute votre vie en vous confrontant à certaines difficultés et en vous laissant à la fois un sentiment d'inachevé et un goût amer de frustration. Encore plus fort, l'astrologue averti va vous indiquer les périodes de votre vie durant lesquelles votre actualité va vous confronter à tel ou tel sujet (profession, sentiments, famille ...), à telle ou telle difficulté ou opportunité.

C'est une aide extrêmement utile, certes, mais même si l'astrologue me dit que j'aurai des problèmes au travail durant l'hiver, il me laisse me débrouiller tout seul pour les affronter. Parce que c'est mon karma, inscrit dans mon thème depuis la naissance. Et même si j'en suis averti, je n'ai pas d'autre choix que de me débrouiller seul avec. Ce sont les limites de l'astrologie occidentale.

Cette limite de l'outil astrologique me renvoie à une situation délicate à laquelle je fus confronté il y a quelques années et qui me touche de très près.

Un jour ma fille vint me demander de « regarder son thème natal ». Je ne l'avais pas consulté depuis longtemps parce que je considère qu'il faut vivre spontanément sans s'encombrer de considérations le plus souvent inutiles. Pourtant je compris vite pourquoi ma fille ressentait le besoin de recueillir des informations sur la période qu'elle traversait.

Après de brillantes études, et bien que très jeune encore, elle avait décroché un travail à responsabilités, bien rémunéré et très prometteur pour son avenir. Or voilà qu'une restructuration était annoncée. Et son thème indiquait qu'elle se trouvait au tout début de cette période de deux ans et demi qui sépare deux cycles de lunaison et qui est souvent si délicate à traverser.

J'étais démuni. Comment lui annoncer que son avenir prometteur dans cette entreprise allait probablement tourner au fiasco ? Quels conseils lui donner ? Je ne pus que la prévenir de la période difficile qui s'annonçait.

Hélas mes craintes se vérifièrent. Très rapidement elle fut confrontée à une pression telle qu'elle s'apparentait à du harcèlement moral. Cette situation intolérable la poussa vers une reconversion professionnelle.

Comme prévu cette période de plus de deux ans fut extrêmement pénible à négocier, mais au terme de toutes ces difficultés elle put intégrer un nouveau métier, certes moins bien rémunéré, mais en adéquation avec son profil et ses aspirations.

Bien que déjà averti des limites de l'astrologie occidentale, cette mésaventure me conforta dans la nécessité de trouver des solutions pour gérer et négocier au mieux les échéances qui jalonnent notre destin.

Contrairement à notre système astrologique occidental, l'astrologie de l'Inde (Jyotish) relève d'une connaissance du processus d'évolution bien supérieure. Au lieu de nous placer face à nos difficultés sans nous proposer la moindre aide comme le ferait un astrologue occidental, le jyotishi est capable d'effectuer certaines prescriptions dans le but d'apaiser les effets des astres. Pour aussi performantes qu'elles soient, il convient de raison garder à propos de ces prescriptions (appelées yagyas), car elles permettent d'atténuer ou de renforcer (selon le cas) les effets des planètes, mais en aucun cas de les annuler. Pour prendre une image, on peut considérer que le yagya ne permet pas d'éviter la tempête, mais de l'affronter avec un équipement approprié au lieu de la subir sans préparation.

Il s'avère donc que le karma est inscrit en lettres indélébiles au fond de notre thème natal. Et il relève de notre liberté de le subir ou de le gérer.

Si l'on considère que durant notre parcours terrestre nous parcourons notre thème et qu'à chaque fois que nous rencontrons une planète nous éveillons son potentiel harmonieux ou délicat, nous avons la liberté de nous entêter à ne rien vouloir comprendre et à creuser ainsi un sillon de difficultés toujours plus profond. Par contre, si nous prenons de la hauteur, chaque nouveau tour de zodiaque nous éloignera un peu plus de l'acuité des difficultés générées par notre karma.

Cette prise de conscience est importante. Longtemps mes yeux peu exercés n'ont su lire le zodiaque que dans un système à deux dimensions, ce qui me donnait l'impression pathétique que chaque natif tourne autour de son thème natal comme un animal en cage. Or il n'en est rien. L'expérience montre que tout un chacun parcourt son thème selon un mouvement en spirale, ce qui entraîne le fait que, à chaque nouveau tour, notre niveau d'évolution ou d'involution nous place soit un cran au-dessus, nous dégageant ainsi des vicissitudes rencontrées lors du passage précédent, soit un cran au-dessous en nous infligeant des claques plus désagréables encore que la fois précédente, en espérant que, dès lors, nous commencions à comprendre.

Pour être plus précis, on peut imager notre chemin d'évolution basé sur le zodiaque selon une trajectoire en spirale dont le rayon de plus en plus serré finit par nous placer au centre du zodiaque, mais à un niveau élevé. Rendus à ce point, nous sommes centrés, centrés en nous-mêmes, et centrés au beau milieu de notre univers personnel.

Avant de mettre un terme à ce chapitre fondamental, et afin d'illustrer cette idée, je mentionne une petite anecdote colportée par la tradition orientale. Un jour Babaji et ses disciples étaient assis autour d'un feu, probablement en train de débattre de sujets d'une grande élévation spirituelle. Lorsque, soudain, Babaji se lève, saisit un tison et vient brûler le bras de l'un de ses disciples. Malgré tout le respect que le disciple porte à ce maître extraordinaire qu'est Babaji, il ne peut s'empêcher de protester : « Maître, je ne comprends pas ». « À l'heure qu'il est, répond Babaji, tu aurais dû mourir dans l'incendie de ta maison ».

Cette histoire probablement plus allégorique qu'historique nous délivre plusieurs enseignements :

Même lorsque nous sommes très élevés spirituellement, le karma ne disparaît jamais tout à fait.

Plus on s'élève sur notre chemin d'évolution et moins les effets de notre karma nous affectent.

La réalité peut être changée. Le disciple n'est pas mort à l'heure prévue, il a juste subi une petite brûlure.

À l'appui de cette notion qui veut que, quel que soit notre niveau d'évolution, nous puissions changer notre réalité, je mentionne encore l'anecdote ci-dessous.

Pouvons-nous changer la réalité ?

Pendant des années j'ai utilisé la divination et la voyance.

Si j'attendais une promotion, je consultais cartes et tarots et si la réponse n'était pas porteuse, je baissais les bras et je fourbissais mes armes en vue d'une période plus porteuse.

Or il advint que, un jour, mon fils fut convoqué à un entretien déterminant pour ses études. Durant les jours qui précédèrent cet entretien, je consultai les tarots à plusieurs reprises avec des résultats catastrophiques à chaque fois. Bien sûr je ne lui donnai aucune indication à ce sujet. Lorsque le jour J arriva, dès le matin, je procédai à un dernier tirage. Et j'obtins une nouvelle fois une réponse négative. Je me sentais dépité et triste pour lui. Pourtant, refusant d'admettre ce verdict, dans la matinée, je consultai une nouvelle fois l'oracle. Et là, miracle. La réponse était extrêmement positive.

Plus tard, mon fils me fit part de son admission définitive. Il m'expliqua que, au moment même où je consultais l'oracle pour la dernière fois, il se trouvait devant le jury. Devant ses interlocuteurs, il reconnut que, certes, sa prestation lors des épreuves écrites n'était peut-être pas très brillante, mais que l'obtention de ce diplôme représentait pour lui le Sésame qui allait lui ouvrir les portes nécessaires à la réalisation de son projet personnel auquel il tenait tant. Son argumentation, sa conviction et sa motivation firent mouche devant le jury et lui permirent de faire pencher la balance, jusqu'alors litigieuse, du bon côté.

Cette petite anecdote amène plusieurs commentaires :

La réalité est changeante.

Les moyens divinatoires et la voyance donnent d'excellents résultats pour tout ce qui concerne les potentialités déjà sur des rails.

Mais il est possible d'influencer et d'influer à tout moment sur la réalité en devenir.

Seules l'intention et la conviction profonde permettent d'arriver à ce résultat.

Et j'ajoute que les techniques exposées dans ce livre ont pour but de produire ce type de résultat.

Loi de l'attraction et astrologie

Si l'on en croit les inconditionnels de la loi de l'attraction, il suffit de penser à quelque chose pour l'obtenir. La réalité est-elle aussi simple ?

Le principe de la loi de l'attraction repose sur le fait que la pensée se réalise. On devient ce que l'on pense et ce que l'on désire vraiment vient à nous. Cette vérité est troublante parce que les bienfaits que l'on souhaite attirer ont tendance à ne pas se manifester facilement par contre les négativités nous donnent l'impression, elles, d'arriver spontanément. « Les emmerdements volent toujours en escadrille », disait Jacques Chirac.

Il est vrai que nous connaissons tous au moins une personne qui répète comme une litanie des phrases telles que : « Je n'ai pas de chance »,

« Je n'y arriverai pas », « Je suis trop vieux », « Je suis trop jeune », « Je n'y vais pas parce que si j'ai la migraine comment vais-je faire ? », etc. ... Et effectivement, cette personne n'y arrive pas, est toujours patraque et végète. Une telle attitude ne fait que générer une dynamique de l'échec. Donc la loi de l'attraction fonctionne !

Mais si je me mets en tête de vouloir être riche (c'est le désir le plus souvent mis en avant, d'où le succès phénoménal de La Française des jeux), heureux, en bonne santé ... je n'y arrive pas. La loi de l'attraction ne fonctionne-t-elle que pour attirer les négativités ? J'en doute. Le manichéisme ne fait pas partie des lois de la Nature. Cette situation est peut-être due au fait que nous ne sommes pas assez patients. Dans notre société où tout va (trop ?) vite nous voulons tout et tout de suite. Mais même si nous mettons en œuvre la loi de l'attraction pendant des années, les résultats ne sont pas à la hauteur de nos espérances.

C'est ici que se fait le lien avec l'astrologie.

Une des approches du thème de naissance nous permet d'identifier la part de conditionnement de chacun matérialisée par les dissonances qui vont confronter le natif à un certain nombre de désagréments, c'est-à-dire le travail de compréhension et d'évolution à réaliser en cette vie.

Pour prendre un exemple théorique, un thème qui montre le secteur de la profession affligé confronte le natif à la précarité professionnelle, ce natif va aller de petits boulots en petits boulots et d'emplois précaires en temps partiels sous-payés. Alors qu'un thème avec le secteur professionnel bien aspecté va donner un emploi stable, valorisant et bien rémunéré. Si le premier natif utilise la loi de l'attraction de façon insistante et correcte, il est probable qu'il améliorera sa situation, mais il est peu probable qu'il atteindra l'aisance et le confort du second natif. Parce que la loi de l'attraction ne nous affranchit pas du travail de compréhension et d'évolution dont j'ai parlé plus haut ... mais elle peut aider à réaliser ce travail. Ne serait-ce que parce que le fait de mettre en œuvre la loi de l'attraction dénote une bonne motivation pour avancer et faire évoluer la situation.

En résumé, j'en suis arrivé à la conclusion que la loi de l'attraction fonctionne, mais dans les limites du thème natal et du niveau auquel il est vécu.

Dans ces conditions, à quoi bon demander à l'Univers de réaliser nos désirs, me direz-vous ?

C'est tout simplement que l'Univers est un facilitateur qui non seulement rend plus aisée la matérialisation du désir, mais permet d'organiser les circonstances dans des proportions dépassant notre imagination. C'est pourquoi on ne peut que lui faire confiance et le remercier chaleureusement pour son aide.

Cette prise de conscience débouche directement sur une évolution de nos conceptions habituelles. « Si on ne peut pas se fier à l'astrologie, à la voyance ou aux outils divinatoires, à quoi bon les consulter ? ». Dans une approche courante, le commun des mortels se réfère à ces différents outils et, selon sa disposition d'esprit ne retient que « ce qui a marché » ou que « ce qui n'a pas marché » en n'hésitant pas à décrédibiliser un outil divinatoire si un seul des aspects qui lui ont été exprimés en consultation ne s'est pas confirmé.

Cette approche basique est regrettable. Le bon sens voudrait que l'on consulte ces différents outils pour être informé des potentialités qui vont se matérialiser bientôt dans notre vie. Forts de ces informations nous pourrons vivre avec les yeux ouverts et prendre nos dispositions pour faire en sorte qu'une potentialité qui nous arrange se matérialise absolument ou au contraire pour infléchir le cours des évènements afin de minimiser un évènement regrettable que nous voudrions éviter.

Je me souviens d'une anecdote rapportée en conférence par une grande astrologue de notre pays. Elle recevait en consultation une dame qui cherchait du travail. Avec le talent qu'on lui connaît, l'astrologue annonça à sa cliente que les mois d'été s'annonçaient très propices pour qu'elle soit embauchée. Elle était tellement sûre d'elle qu'elle lui dit : « Revenez me voir à la rentrée pour me donner des précisions sur le travail que vous aurez obtenu ».

Lorsque la consultante revint à la rentrée, l'astrologue lui demanda immédiatement :

Alors ? Où travaillez-vous ?

Je suis toujours au chômage.

Vous n'avez pas cherché du travail comme je vous l'avais conseillé ?

Ben non, je suis partie en vacances.

C'est nous qui créons notre réalité. Et même lorsque les conditions sont extrêmement propices, l'Univers ne peut rien pour nous si nous ne faisons pas le premier pas et si nous ne donnons pas les impulsions nécessaires.

LES PENSÉES NÉGATIVES, LES DOUTES, LES PEURS

ÉLIMINER LA PEUR

Ce point est très sensible. On peut avoir très envie d'obtenir quelque chose et, en même temps, inconsciemment avoir peur de l'obtenir et surtout de l'assumer. C'est toute la difficulté de ce sujet. Comment arriver à être clair avec soi-même ?

L'une des approches qui me semblent raisonnables consiste, si l'on a des doutes au sujet de nos peurs intimes, à avancer pas à pas. Au lieu de vouloir tout changer dans notre vie, commençons par changer un point. Quand cette première étape sera obtenue et stabilisée, on pourra passer à la suivante. Et, en procédant ainsi, nous allons prendre confiance et avancer de plus en plus vite. Pour faire une analogie, plutôt que de vouloir défricher notre champ en une seule fois, commençons par un petit bout afin de pouvoir y planter un arbre. Quand l'arbre commencera à porter ses fruits, on pourra défricher et ensemencer un autre lopin. Et ainsi de suite ...

Concernant les peurs, la principale difficulté est de les identifier et de les regarder en face. Nier une peur est le meilleur moyen de ne pas avancer. Mais affronter ses peurs demande du courage, pour les identifier d'abord, pour les gérer ensuite. On n'efface pas une peur d'un revers de manche. Pour l'affronter, il faut le décider et ensuite trouver le moyen de la juguler. Un désir bien positionné sur le plan mental ou sur le plan émotionnel peut être d'un grand secours à cet effet.

Affronter une peur est un vrai travail, parce qu'elle risque de se manifester de façon sournoise. Selon la nature de notre désir, nous l'accompagnons de tellement d'affectif, que l'on peut craindre qu'il ne se réalise pas. Si on demande de l'argent pour rembourser une dette, on peut craindre de ne pas obtenir ce que l'on a demandé. Mais l'inverse est possible, la nature humaine est ainsi faite qu'il est fréquent d'avoir peur d'obtenir ce que l'on a demandé. Si je demande une belle voiture de sport qui me fait rêver. Je vais demander à l'Univers de me la procurer, mais quand je vais me visualiser rentrant chez moi au volant de ce petit bolide je vais ressentir une peur intense, la peur du qu'en-dira-t-on. « Que vont penser mes voisins ? Que vont-ils dire de moi ? »

Il convient de se rappeler que la demande que l'on adresse à l'Univers met en œuvre une loi de la Nature qui s'applique de façon systématique, sans affect et sans état d'âme. Ainsi si on poste à l'intention de l'Univers une image qui nous représente au volant d'une grosse cylindrée et si on accompagne cette image d'un sentiment de peur. L'Univers reçoit une demande et son contraire. Donc il ne fait rien.

C'est pourquoi il faut s'autoriser à atteindre le but que l'on se donne. En première lecture il est tentant de balayer cet aspect d'un revers de manche tant il semble anodin et évident. Que nenni ! Nous sommes tellement formatés par tous les interdits que l'on nous a inculqués que notre inconscient en est imprégné. Afin de pallier ce conditionnement que l'on nous a imposé, il faut commencer par se poser la question : est-ce que j'en ai vraiment envie ? Est-ce que je suis prêt à en assumer les conséquences, celles qui sont agréables, celles qui sont contraignantes ? Je voudrais avoir une promotion. J'accepte le salaire qui va avec, mais j'accepte aussi de travailler le soir et le week-end pour absorber toutes les tâches que l'on va me demander. Je voudrais partir faire une randonnée dans un pays exotique. J'accepte le bonheur que cette expérience va m'amener, les contacts humains, l'ouverture d'esprit, le dépaysement ... et j'accepte aussi les nuits blanches sous la tente, mangé par les moustiques, les ampoules aux pieds, la tourista ...

M'autoriser à atteindre mon but, commence par ne plus accorder du crédit à toutes ces croyances que l'on m'a inculquées et qui me limitent, et accepter toutes les conséquences et les assumer. Par exemple, si mon vœu est d'améliorer mon lieu de vie, je vais exprimer mon désir comme suit : « J'habite dans une maison avec piscine ». Et en même temps une petite voix au fond de moi me chuchote à l'oreille : « Tu es fou, ce n'est pas pour toi. Que vont penser ta famille et tes amis ?... Et puis d'abord, tu ne sais même pas nager ». Et c'est ainsi que je ne l'aurai jamais ma maison. Si je la veux vraiment, je dois la demander à l'Univers, mais en demandant une maison qui corresponde à mon besoin et à ma façon de vivre afin que je puisse l'assumer. Et je dois également m'autoriser intimement à en être l'heureux propriétaire.

RÉALISER UN DÉSIR

RÉALISER UN DÉSIR ?

L'idée n'est pas neuve. Parfois me vient l'impression qu'elle est aussi ancienne que le monde ou, pour le dire en d'autres termes, qu'elle fait partie intégrante de l'être humain. Comme si la condition d'être humain s'accompagnait de la nécessité d'inventer, de créer, de bâtir sa vie, de se forger un destin. Je souligne que cette entreprise de construction du destin individuel a des répercussions importantes sur le plan collectif. Sachant que le tout est plus que la somme des parties, c'est le devenir commun qui est déterminé par les destinées individuelles.

Comme indiqué par ailleurs, pendant longtemps une demande de réalisation de désir prenait la forme d'une prière. Si ce mot a souvent été restreint à son acceptation religieuse, il recouvre un sens beaucoup plus large qui regroupe tout ce que les êtres humains peuvent exprimer comme demandes. Mais avec le temps, et surtout avec l'avènement de l'époque moderne, l'expression des désirs a évolué. On se rend compte que la formalisation de cette expression a suivi l'évolution de la pensée.

Joseph Murphy a étudié les pouvoirs du subconscient. Cette approche était en adéquation avec les courants de pensée de son époque, mais elle demeurait très empreinte de religiosité.

Vers la même époque, Napoléon Hill qui a connu l'époque de l'essor économique américain a proposé une méthode qu'il disait très puissante pour s'enrichir. Son approche se voulait pragmatique et cartésienne, mais la méthode qu'il propose s'ouvre à l'autosuggestion.

L'autosuggestion était également la clé de la méthode proposée par Émile Coué.

Plus récemment, Rhonda Byrne, dans son livre intitulé « *Le secret* » reprend le flambeau en faisant référence aux « *anciens* », mais, à bien y regarder, elle commente le fameux secret, mais elle ne le révèle pas.

Esther et Jerry Hicks, dans leur livre « *Demandez et vous recevrez* » traitent également de ce sujet. Mais ils le font sous l'aspect purement spirituel en présentant leur travail comme étant celui d'Abraham, une entité canalisée par Esther Hicks.

De nos jours, et peut-être plus qu'auparavant en raison de la part croissante de notre libre arbitre, la volonté de voir nos désirs se concrétiser est toujours aussi vivace, voire plus encore. Et comme notre connaissance des mondes subtils s'est accrue, il est tout naturel de mettre cette connaissance au service de nos réalisations. Je fais allusion à notre meilleure compréhension du processus de création et également aux moyens dont nous disposons pour élever notre niveau vibratoire.

Le temps

Ah, bien sûr, si on pouvait tout changer d'un coup de baguette magique on ne s'en priverait pas. Et souvent, quand on en a ras le bol, on a envie de tout envoyer balader. Mais tout n'est pas aussi simple. Une attitude plus constructive incite à procéder à un état des lieux de la situation actuelle et à déterminer le but que l'on souhaite atteindre. Puis on se met en route et on avance pas à pas. Et on change certains aspects de notre vie un peu à la fois, par petits bouts.

Nous sommes incarnés dans ce monde matériel assujetti à la loi de temporalité qui impose toujours un délai à la réalisation de tout changement. C'est vrai au niveau matériel, et ça l'est également au niveau mental : il semblerait qu'un changement d'habitude requière un délai de 21 jours (c'est la durée de vie d'une cellule, paraît-il), d'autres disent qu'il faut trois mois ou même 100 jours. Il est tentant de prendre pour analogie l'inertie d'un paquebot à pleine vitesse qui ne peut changer de cap que progressivement.

S'il faut procéder par ordre et progressivement, c'est également pour nous laisser le temps d'intégrer les nouvelles donnes au fur et à mesure, afin de pouvoir nous stabiliser à chaque étape.

En résumé, il faut déterminer un plan d'action et s'atteler à la tâche.

Concernant un désir spécifique, les actions à réaliser se répartissent en cinq étapes consécutives : savoir ce que je veux, l'exprimer et le ressentir, le demander, attendre activement et enfin recevoir ce que nous avons tant espéré.

Le délai entre la demande et sa matérialisation est soumis au temps dans sa manifestation séquentielle. Mais, si l'on se place à un niveau subtil de la Création, la séquentialité du temps est moindre dans la mesure où la contrainte du temps est moins prégnante. Et même, dans les strates subtiles de la Création, un espace-temps existe dans sa globalité et non plus du point de vue de sa manifestation séquentielle.

Ce phénomène relève de la loi de la temporalité, et nous pouvons en tirer parti parce que cette inertie nous donne la possibilité de peser sur une manifestation en devenir avant qu'elle se matérialise sur le plan de la matière.

SAVOIR CE QUE JE VEUX

L'Univers n'a pas d'états d'âme, pas de code moral, les lois de la Nature s'appliquent de façon systématique sans le moindre filtre, ce qui nous confère une grande responsabilité. Notamment parce que la loi du retour nous fait des renvois de ce que nous avons posté dans l'Univers, ce sans aucune précaution sans aucune protection.

D'où une première mise en garde qui incite à effectuer une demande positive allant dans le sens d'une évolution vers une situation harmonieuse pour tous.

Deuxième précaution, il faut être raisonnable et précis. Peter F. Drucker, l'auteur de la méthode SMART disait que le désir doit être atteignable et réaliste. Et j'ajoute qu'il doit être précis, bien défini et correctement situé dans l'espace et le temps.

Cette notion nous renvoie à la citation biblique qui dit : « *Verbum caro factum est* » qui se traduit par « *Le verbe s'est fait chair* ». Cette expression est synthétique, mais incomplète.

Au départ, rien n'est manifesté, mais le potentiel de création représente un domaine de toutes possibilités : potentiellement tout est possible. Tout démarre par une intention. Celle-ci devient une émotion ou une pensée. Cette dernière s'exprime par des mots (le verbe), et ceux-ci se matérialisent par une action ou une création. Ce processus met en évidence le pouvoir de l'intention et souligne la force de la pensée, qui est créatrice.

Là commence le grand malentendu. Nous avons tous entendu des proches (peut-être même est-ce notre cas) qui déplorent leur situation : « Je n'ai pas de chance », « Je n'ai pas de santé », « Je n'y arriverai pas » ... Il faut bien garder présente à l'esprit cette loi de la Nature qui veut que la pensée s'incarne et en pareils cas entraîne le fait que nous attirons ce que nous craignons. L'éradication de cette problématique mérite quelques commentaires et quelques efforts. Globalement, nous nous sommes bâtis sur la base de repères qui ont jalonné notre parcours avec des phrases que l'on nous a serinées et qui sont toutes négatives : « Touche pas à ça, tu vas le casser », « Fais pas ça tu vas te faire mal », « Laisse tomber, tu n'y arriveras pas » ...

Cette situation met en exergue notre situation d'êtres incarnés dans un monde duel qui nous incite à nous définir par la négation : « Je ne suis pas comme ça » ou « Je ne veux devenir comme lui ». Mais la question à se poser est : « Comment veux-je devenir ? », « Quelle personne veux-je être ? » Parce que **la Création se manifeste en affirmant**. Elle ne se manifeste pas par la négation en réaction à un existant.

Voilà pourquoi nous vivons tous dans un cadre étroit, limité par ce que l'on a peur de casser en y touchant, par ce qu'on ne pourra jamais se payer, par tous ces manques à vivre dus au fait que nous n'osons pas aborder les gens qui nous attirent. Ce sont toutes ces croyances qui non seulement nous limitent, mais se renforcent toujours plus en fonction du crédit qu'on leur accorde.

Afin de prendre le contrepied de cette situation, l'idée à mettre en pratique semble évidente à exprimer : puisque nous attirons ce que nous pensons et ce en quoi nous croyons, il suffit d'orienter notre pensée vers les buts que nous voulons atteindre. Oui, la fille de nos rêves n'est pas si inaccessible que cela, et ce voyage qui nous ferait tant plaisir est tout à fait envisageable.

Par contre, la mise en œuvre de cette idée revêt un petit côté subtil qu'il est plus aisé de ressentir que d'expliciter. La première difficulté consiste à changer de schéma de pensée. Au lieu de passer notre énergie et notre temps à râler contre tout ce qui ne va pas, il faut commencer par identifier tout ce qui va et ensuite être bien clair sur ce que l'on souhaite améliorer.

L'Univers ne se crée pas par la négative, mais par une affirmation positive. Aussi, si nous voulons prendre notre destin en main, arrêtons de ressasser ce que nous ne voulons pas ou plus, et consacrons-nous à ce que nous voulons vraiment. Il suffit de déterminer le but que l'on souhaite atteindre, ce qui semble facile, mais qui pourtant ne l'est pas.

Il est possible d'atteindre le but que l'on souhaite

Il est plus facile de se plaindre parce que l'on n'a pas ce que l'on veut que de mettre en œuvre le processus qui nous permettrait de l'atteindre.

Ce point mérite que l'on s'y attarde.

Pourquoi râle-t-on sans arrêt ? Pourquoi se plaint-on sans cesse ? Parce que nous avons été éduqués dans le cadre étroit qui limite notre potentiel. Ce fait est acquis, n'y revenons pas. Mais la problématique est plus subtile et plus sournoise que cet aspect qualifiable de «culturel». En exprimant nos manques, nous souhaitons attirer l'attention des autres et, plus que cela, nous souhaitons inconsciemment leur soutirer un peu de compassion, ce qui, pour eux, se solde par un déficit d'énergie. James Redfield dans son livre « *La prophétie des Andes* » a clairement explicité ce processus.

Là le bât blesse. Parce que cette approche est erronée et cette cible n'est pas la bonne. Les gens qui nous entourent, même s'ils y participent de près ou de loin, ne sont pas là pour que nous leur prélevions une part d'énergie dans le but d'essayer de redresser le déséquilibre et le manque d'épanouissement personnel qui nous titille de façon lancinante.

Cette énergie existe de façon inépuisable dans l'Univers. En ce sens nous devons réorienter notre demande.

En marge de cette question, je me permets une petite digression qui s'exprime par une interrogation. Puisque l'harmonie existe dans l'Univers, pourquoi sommes-nous confrontés à ce sentiment de déficit d'épanouissement dans tel ou tel domaine de notre vie ? La réponse qui vient immédiatement à l'esprit et qui mériterait de longs développements consiste à avancer que si nous en sommes là, c'est parce que nous nous sommes coupés de l'harmonie universelle. Et pourquoi nous, la gent humaine, avons-nous effectué cette action irresponsable ? Eh bien c'est au nom de notre ego qui se croit omnipotent, mais préjuge de ses capacités.

En d'autres termes, pour synthétiser ce débat qui n'a pas vocation à être traité ici, il est stimulant de constater que le fait de se reconnecter à l'énergie universelle entraîne de facto celui de se mettre en route vers l'atteinte de l'épanouissement personnel et de la réalisation de soi.

Le plus difficile est de savoir ce que l'on veut. Qu'est-ce que je veux obtenir ? Qui veux-je devenir ? Que veux-je faire de ma vie ? Encore une fois, nous sommes formatés pour penser par la négative : « Je ne veux pas être malade », « Je ne veux plus me prendre la tête pour trouver le moyen de payer mes factures », « Je ne veux plus avoir froid », « Je ne veux plus avoir le bourdon le dimanche soir en pensant à tous les dossiers qui m'attendent au boulot le lundi matin », « Je ne veux plus avoir de comptes à rendre à un supérieur hiérarchique autoritaire et incompétent ». La liste de ce que l'on ne veut pas est longue, aussi longue que la liste des désagréments qui nous empoisonnent la vie au quotidien ou au long cours.

Mais si je sais ce que je ne veux pas ou plus, suis-je bien sûr de savoir ce que je veux ?

Il faut faire attention au niveau auquel on place la barre. Si j'en ai marre de marner sans être reconnu et demande à devenir le chef de mon chef par exemple, cela flattera mon ego, mais quand je vais me rendre compte du fait que j'ai été un peu gourmand dans ma demande, je vais me mettre à douter. De même quand je vais me rendre compte des soucis et des responsabilités que cette fonction entraîne, je vais prendre peur. Or le doute et la peur sont des pensées négatives qui bloquent notre demande, ce qui peut impliquer que celle-ci n'aboutira pas et nous conduira à pleurnicher en disant que tout cela ne marche pas.

Donc il faut bien mûrir notre désir.

Imaginez que vous vous trouvez devant une page blanche avec le projet d'écrire ce que va devenir votre vie, la vie dont vous rêvez, la vie que vous voulez mener. Pas facile. Cet exercice est d'autant moins aisé que l'on ne nous a jamais habitués et encore moins formés à écouter nos aspirations profondes et à les exprimer.

Et pourtant c'est l'exercice auquel il faut se plier à présent.

Le fait d'identifier nos désirs profonds, voire intimes, est à la fois propre à chaque individu et universel, les aspirations de tout un chacun étant sensiblement identiques : l'argent, l'amour, la santé. Mais la façon de le dire est différente d'une personne à l'autre. Si l'on prend un exemple, un désir que tout le monde a exprimé au moins une fois dans sa vie : « Je voudrais être riche », cette phrase n'a pas le même sens d'une personne à l'autre. Pour quelqu'un qui est démuni, être riche signifie manger à sa faim tous les jours, tandis que pour un chef d'entreprise, être riche signifie ouvrir une succursale à l'étranger.

C'est la raison pour laquelle il nous appartient de définir un désir réaliste et atteignable, c'est-à-dire de mettre la barre à un niveau qui a du sens pour nous et que l'on se sente capable de réaliser et d'assumer. J'insiste sur le fait que cet exercice n'est pas aussi aisé qu'il en a l'air parce qu'il nous oblige à identifier ce dont nous avons *vraiment* envie.

Le mieux est de demander quelque chose que l'on sait faire : ne pas demander à devenir danseuse en ballerine si l'on a des talents de rugbyman. Ne pas demander à devenir multimillionnaire, il faut seulement estimer à quel niveau placer le montant des revenus qu'il nous faudrait pour vivre à l'aise.

Au-delà de ces préoccupations basiques, ce point renvoie à des notions plus fondamentales. Nous avons tous un profil qui nous est propre et même nous avons tous un chemin de vie spécifique qu'il nous appartient de parcourir. Dans ce cadre, la réalisation des désirs apparaît comme un outil fabuleux pour nous permettre de progresser vivement sur notre chemin personnel. Demander à réaliser un désir qui naît de la jalousie inspirée par notre voisin possesseur de tel objet ou se livrant à telle activité est non seulement contraire à notre évolution personnelle, mais a toutes les chances de ne pas aboutir.

Demande juste et pouvoir de l'intention

Le raisonnement est d'une logique implacable : on attire ce que l'on pense. Donc, si on focalise notre pensée sur un désir à connotation négative, on attirera la négativité sur nous. Ce processus est connu sous le nom de Loi du retour.

Si l'arbre du voisin fait de l'ombre sur votre potager, vous pouvez demander à l'Univers de faire sécher cet arbre sur place, mais vous courrez le risque que vos carottes ne fassent que du fourrage. Si par contre vous vous réjouissez des fruits que l'arbre offre de votre côté de la clôture et si vous plantez vos carottes un peu plus loin, vous attirez sur vous les bienfaits de la Nature qui saura se montrer généreuse à votre égard.

Outre les règles de déontologie voire de banale moralité, qu'il convient de respecter lors de l'expression d'un désir, le bon sens courant et la loi du retour incitent à ne demander pour les autres que ce que l'on souhaiterait obtenir pour soi-même.

Mais la question va au-delà. Comment savoir si notre demande s'inscrit dans le Grand Plan de l'Univers ou non ? Parce que, me disent certains, nous mettons en œuvre un domaine des possibles, mais tout de même ... Outre le fait que ce genre de préoccupation relève du cadre étroit et limité que l'on nous a inculqué, je considère que cette question ne se pose pas. Il suffit de laisser à l'Univers la responsabilité de nous accorder ce que nous demandons. Ou pas. C'est pourquoi lors de la formulation de notre désir il est bon de préciser « pour le bien de tous et en harmonie avec l'Univers ».

Le pouvoir de l'intention

Pour mémoire, le domaine de toutes possibilités est animé par le pouvoir de l'intention qui s'exprime par la pensée, et la pensée se matérialise par la parole et l'action. Plus on remonte haut dans la pyramide de la Création et plus il est possible d'infléchir le processus de création voire même de lui donner une nouvelle direction. C'est pourquoi le pouvoir de l'intention est énorme.

Pour illustrer ce propos il me vient une anecdote fictive : j'imagine un chef d'État d'un pays libéral qui au cours d'une visite officielle à son homologue d'un pays gouverné par un despote lui tiendrait les propos suivants : « Au sujet des droits de l'homme, vous devez faire un effort. Combien m'achetez-vous d'avions de chasse ? » Il va sans dire que, dans cet exemple imaginaire, l'intention est commerciale et non pas humanitaire.

Dans un autre registre, je me souviens de cette dame en consultation chez un astrologue pour demander des nouvelles de l'état de santé de son mari. Au cours de l'entretien le praticien avait réalisé que l'intention réelle de la consultante n'était pas de savoir si son mari allait guérir, mais de savoir quand elle allait hériter.

Je tiens à préciser que « *tout est dans l'intention* ». Peu importe le rituel. Seule compte l'intention, c'est-à-dire le désir intime, la demande faite avec le cœur.

La pureté du cœur et la sincérité de la demande font que celle-ci sera entendue et exaucée.

Si par malheur vous rencontrez une personne gravement malade, votre bon cœur va vous amener à demander sa guérison, mais si, en même temps, votre part d'ombre vous glisse à l'oreille des pensées telles que « voilà, tu es malade, mais tu l'as bien cherché ! Tu n'avais qu'à ne pas fumer un paquet de cigarettes par jour pendant des années ! », il est peu probable que votre demande soit entendue. Par contre si vous ressentez une réelle compassion pour le sort de cette personne, si vous êtes capable de ne pas la juger et si vous demandez que, même dans sa situation difficile, elle trouve la force de s'ouvrir à plus d'harmonie, alors vous donnerez à votre désir des chances d'être exaucé.

Prenons un exemple : supposons que vous vouliez apprendre à jongler. Au départ vous avez l'intention. Cette intention va vous pousser à définir un plan d'action et à le mettre à exécution : acheter des boules de jonglage, acheter une méthode pour comprendre quels sont les gestes à réaliser, vous entraîner régulièrement et inlassablement. Et, après un certain temps, vous saurez jongler. Les spécialistes ont montré qu'apprendre à jongler a pour effet de développer de nouvelles connexions, de nouvelles synapses, dans le cerveau. Ce qui, en raccourci, revient à dire que l'intention a modifié la matière, en l'occurrence votre cerveau. C'est également vrai pour d'autres activités.

Demande qui impacte une autre personne

Il peut advenir que notre demande impacte une autre personne. Notre imagination est si vaste et les situations de vie si nombreuses que tous les cas sont susceptibles de se produire, depuis le voisin que l'on aimerait convaincre de nous vendre un bout de terrain, au concurrent que l'on voudrait voir s'éclipser afin de nous laisser le champ libre en passant bien sûr par cette personne pour qui on ressent un amour fou que l'on aimerait réciproque. Tant de situations sont possibles. Autant les cas de figure sont multiples, autant la réponse est unique : pas touche.

Enfin, presque.

En pareil cas il faut proscrire toute intervention de notre part qui aurait pour but et pour effet d'imposer, en quelque façon que ce soit, notre volonté à la personne. Si cette loi est non négociable, il ne faut pas y voir une connotation morale. C'est tout simplement une application de la loi de retour qui veut que ce que l'on fait aux autres, ce soit à soi-même qu'on le fait. En d'autres termes, mettre en œuvre les forces de l'Univers pour imposer à quelqu'un d'agir dans un sens qui sert nos intérêts entraîne le fait que nous-mêmes nous subirons bientôt une situation analogue. Voilà qui nous complique sérieusement la tâche. Parce que si nous avons ressenti le désir de faire évoluer une situation impliquant une autre personne, c'est bien pour la raison que cette situation ne nous convient pas. Si nous ne pouvons pas intervenir pour faire évoluer la position de notre interlocuteur, nous pourrions penser que nous nous trouvons dans une impasse.

Je n'en suis pas si sûr. Si ce genre de problématique impacte deux individus, elle génère une notion tierce : la relation. J'ai coutume d'affirmer que si la situation est problématique, c'est que la relation est malade. Et, dans la mesure où nous sommes partie prenante de la relation, nous avons toute latitude pour agir sur celle-ci. En l'occurrence le désir peut s'exprimer comme une demande d'harmonie pour une telle relation.

Il est même possible d'aller au-delà. Je fais référence à une technique exprimée par Daniel Sévigny qui peut être mise en œuvre avec profit dans le cas qui nous préoccupe. Cette technique consiste à envoyer un bouquet de fleurs à l'autre personne. Bien sûr, si la situation s'y prête, cette démarche peut être réalisée avec de vraies fleurs envoyées par un fleuriste. Mais ici il est plutôt question d'intention. Une intention qui peut s'exprimer par la répétition mentale d'une phrase du genre : « Univers infini, j'envoie un bouquet de fleurs (ou un bouquet de roses ou autres) à xxx, et mes excuses ». Dans cet exemple j'ai ajouté à la fin de la phrase « ... et mes excuses », mais il appartient à chacun de trouver la formulation qui corresponde à la situation : « ... et mon amour », « ... et ma demande de pardon », etc. ... Afin de renforcer l'efficacité de la technique, il est conseillé d'accompagner cette formulation de la visualisation de la personne recevant le bouquet.

Cette technique a pour but et pour effet de remettre de l'harmonie dans la relation. Le désir de remettre de l'harmonie doit être la seule intention de la démarche, en absence de toute arrière-pensée impliquant l'envie de voir la personne agir dans tel ou tel sens.

COMMENT EXPRIMER LA DEMANDE

Maintenant que le désir est clairement identifié et défini, il faut l'exprimer. Plusieurs possibilités s'offrent à nous, sachant que si c'est possible on peut les utiliser toutes de façon concomitante. On peut verbaliser le désir, le ressentir et le visualiser.

Chacun de ces trois supports permet de « poster » le désir à des niveaux différents de la Création, plus ou moins vibrants.

Le fait de ressentir l'émotion que nous procurera la réalisation de notre désir émet un message au niveau émotionnel. La verbalisation du désir positionne la demande au niveau mental. Et on peut considérer que la visualisation agit au niveau spirituel en reposant sur le support physique constitué par le cerveau droit. En effet, ce dernier s'exprime par images et par symboles. Mais là où d'habitude nous recevons des messages par ce canal, la visualisation permet d'utiliser ce même canal pour transmettre notre désir à l'Univers sous forme d'image.

Dans cet exercice, il est important de ne pas se soucier du comment, c'est-à-dire de s'interroger sur les adaptations à réaliser pour que le désir puisse se matérialiser. Il faut laisser cette inquiétude à l'intellect. Il faut surtout éviter d'échafauder un scénario afin que les éléments de notre vie s'agencent pour nous permettre d'obtenir ce que l'on demande. La Création est beaucoup plus imaginative que toutes les fictions que l'on est capable d'inventer.

Il faut juste exprimer, visualiser et ressentir ce que l'on veut.

LA VERBALISATION.

Si identifier le désir intime n'est pas aisé, trouver les mots pour le dire n'est pas plus simple. Par exemple la phrase « Le mois prochain je ne fumerai plus » contient deux erreurs. Il faut arrêter de dire ce que l'on ne veut plus. Il faut exprimer ce que l'on veut vraiment : « Je ne fumerai plus » devient « Je cesse de fumer ». De plus il faut bannir les phrases conjuguées au futur. Ce que vous voulez, vous le voulez là, maintenant, tout de suite ! Dans notre exemple, « J'arrête de fumer immédiatement » est une bonne formulation.

En ce qui me concerne, je formule mes désirs en respectant les règles de la pensée positive :

Phrase au présent

Phrase affirmative

Phrase la plus simple possible

Il convient de se rappeler que le but est de « poster » notre demande dans les plans subtils. Or dans ces plans, le temps n'existe pas. Dans ces plans, seul un fait existe ou n'existe pas. Et sa manifestation n'est liée à aucune contrainte chronologique ou temporelle.

La phrase doit être affirmative tout simplement parce que l'Univers ne se crée pas par la négative.

D'autre part, plus la demande est simple et plus le risque d'émettre des pensées parasites est limité.

Il existe deux autres règles que certaines écoles mettent en avant. Bien qu'elles fassent l'objet de débats, je les mentionne, mais en précisant que ces règles sont transgressables selon le ressenti de chacun.

Éviter d'utiliser un ou des noms.

Éviter d'utiliser des chiffres.

Il est également conseillé d'éviter d'utiliser des mots de basse vibration tels que « ça craint, c'est l'enfer, etc. … » Il vaut mieux privilégier des mots positifs sans avoir peur d'utiliser des superlatifs : « Je suis en parfaite santé », « Je me sens extrêmement bien », « Je vis avec une personne merveilleuse maintenant et jusqu'à la fin des temps », etc. …

Et d'une façon générale, il est conseillé de surveiller notre façon de nous exprimer. Sans utiliser un langage châtié, utiliser un vocabulaire correct, digne et courtois a pour effet de maintenir notre façon de penser et donc notre niveau vibratoire à un niveau correct.

Si la forme est importante, le fond l'est également. Encore une fois exprimer un désir met en œuvre notre responsabilité et il convient de garder présent à l'esprit que l'Univers va immédiatement s'organiser pour réaliser notre désir sans filtre et sans hésitation. L'Univers n'a pas de code moral. Il agit sans affect. Ce que l'on met dans la mécanique de Création est pris en compte par l'Univers sans discernement. Il faut faire attention.

La nécessité de formuler la demande au présent ne peut qu'inspirer quelques réflexions sur le temps au saturnien que je suis. La notion du temps dépend de l'endroit de la Création où on se trouve. Or en matière d'expression des désirs, nous nous adressons à un lieu de l'Univers quasi immatériel où le temps n'existe quasiment pas. C'est pourquoi il faut bannir toute notion de conjugaison au futur lors de l'expression de nos désirs. Par contre il faut ancrer le désir dans notre réalité présente, c'est pourquoi des mots tels que maintenant, immédiatement, tout de suite, permettent au désir de se réaliser rapidement. Si nous sommes à la recherche d'une place de parking, c'est immédiatement qu'il nous la faut, pas la semaine prochaine.

La visualisation

Dans mon esprit la pensée est à la visualisation ce que la 2D est à la 3D. Souvent une image est beaucoup plus complète qu'une pensée. Et il est surtout plus facile de poster une image dans l'astral plutôt qu'une pensée dont l'expression est parfois longue à détailler. L'expérience montre que plus l'exercice est réalisé rapidement et moins on court le risque de poster des éléments parasites et indésirables dans l'astral. Concrètement il est bon d'émettre notre intention sous la forme d'un flash rapide.

La visualisation permet de poster un désir à un niveau très subtil de la Création. C'est pourquoi cette méthode est très efficace. Mais elle est difficile aussi. Se visualiser au volant d'une berline de grosse cylindrée, en couleur, en 3D, avec un sourire épanoui, n'est pas aisé. Et se visualiser dans la maison de ses rêves, arpentant toutes les pièces avec l'être aimé ou en famille l'est encore moins. De plus, quand on poste une demande, quelle qu'elle soit dans la mécanique de Création il est conseillé d'aller vite, de flasher, afin de ne pas greffer inconsciemment des pensées parasites ou des sentiments de peur ou de doute.

La parade à tous ces inconvénients est le tableau de visualisation. Armé d'une paire de ciseaux, il suffit de découper dans un magazine une photo de la voiture que l'on convoite ou de la maison dans laquelle on souhaite vivre. Puis on colle ces photos sur un tableau, à un endroit où on pourra le voir tous les jours. Pour la confection du tableau, il est bon de laisser parler notre créativité, en l'agençant de façon esthétique. Il n'est pas interdit, au contraire, d'utiliser plusieurs photos pour un même désir et plusieurs désirs pour un même tableau.

Ensuite, en passant devant ces photos, il sera beaucoup plus aisé de se visualiser en situation. En regardant le tableau, il suffira d'émettre des pensées telles que « C'est ma voiture », « C'est ma maison », « C'est mon bonheur », etc. ...

Le ressenti

J'avoue que cet aspect n'est pas le plus facile à mettre en œuvre. Mais il fait partie du package, si je puis m'exprimer ainsi, qui veut que, pour provoquer un résultat sur le plan Matériel, on doive agir sur différents leviers positionnés sur les plans Mental avec la verbalisation, Spirituel avec la visualisation et également Émotionnel. Mais comment ressentir une joie pour quelque chose que l'on n'a pas encore alors que, justement, comme on ne l'a pas, on ressent plutôt un manque, une frustration, une envie ?

Cet exercice est très difficile. On peut essayer de se projeter. Que ressentirions-nous si nous recevions la somme espérée ? Que ressentirions-nous si la personne convoitée acceptait de nous accorder ses faveurs ? Il est également possible de chercher dans notre passé et dans notre mémoire le ressenti qui fut le nôtre lorsque nous avons réalisé un désir du même type. Cette approche est possible, mais pas facile non plus.

On peut être tenté de faire l'impasse sur cet aspect, mais ce serait dommage, autant mettre toutes les chances de notre côté. La solution vient peut-être des moyens d'expression que nous, êtres humains, utilisons. On remarque en effet qu'il existe plusieurs moyens de désigner un objet. Si je vous montre une pomme, vous savez qu'il s'agit d'une pomme. Si vous lisez le mot pomme, vous pensez à une pomme, si je prononce le son pomme, votre conscience identifie une pomme. Ce sont trois moyens de désigner un même objet. On remarque qu'en matière de sentiments et de ressenti, la démarche est analogue. Il est possible de ressentir une émotion bien sûr, mais le son permettant de la nommer où le mot servant à la désigner véhiculent les vibrations de cette émotion. Pour illustrer cette notion, fermez les yeux et pensez au mot « deuil » , ressentez l'effet qu'il produit sur vous. Puis pensez au mot « joie » et sentez la différence.

Ainsi est-il possible d'utiliser des formulations faisant appel aux sentiments. Au lieu de se contenter d'une phrase du type « J'obtiens une augmentation immédiatement », il est préférable de travailler avec une formulation telle que : « Je suis extrêmement heureux d'obtenir une importante augmentation immédiatement ». Et bien sûr il faut finir la phrase par « ... pour le plus grand bien de tous et en harmonie avec l'Univers ».

PRENDRE LA DÉCISION

Après avoir mûrement réfléchi au désir que l'on souhaite réaliser, après s'être livré à une introspection pour déterminer si on en a vraiment envie et si on se sent capable de l'assumer socialement et intimement, après l'avoir formulé et visualisé, il est temps d'entrer dans la phase pratique.

Quand on sait ce que l'on veut, il faut décider. J'accorde beaucoup d'importance à cette décision. « Je décide de changer de boulot » signifie que, à partir de maintenant, je vais arrêter de pleurnicher en victime et je vais prendre toutes les dispositions nécessaires pour que ma situation évolue vers le but que je me suis fixé.

Je souligne ce point qui est fondamental : **tout commence quand on décide de ne plus se victimiser.**

Décider est l'acte fondateur de notre démarche. C'est à partir de ce moment que tout commence.

En toute rigueur, l'astrologue que je suis prend la parole avec insistance pour rappeler qu'il faut dresser un thème d'élection. Le thème d'élection n'a rien à voir avec les municipales ou les présidentielles. Il s'agit de l'élection du moment, c'est-à-dire du choix du moment pour procéder à cet acte fondateur. En effet, un jour, les astrologues qui sont de petits futés en ont eu assez de dresser des thèmes à postériori, après que l'évènement ait eu lieu, et souvent de constater une situation pas forcément facile à vivre. C'est pourquoi se sont-ils dit, chaque fois que cela est possible, faisons le thème auparavant et procédons à l'action envisagée à l'instant déterminé par ce thème dressé à l'avance. Cette technique est très utilisée en Inde pour les mariages par exemple.

Mais tout le monde n'a pas un astrologue sous la main. Il est toutefois possible de prêter attention à notre ressenti et de se mettre à l'écoute de notre petite voix intérieure afin de lui demander si c'est le bon moment ou sinon de nous indiquer le moment propice pour faire notre demande à l'Univers et pour commencer le travail de préparation qui va permettre au désir de se réaliser.

FAIRE LA DEMANDE

Ensuite il faut faire sa demande à l'Univers. Il est bon de procéder à un petit rituel afin de montrer à l'Univers et à nous-mêmes l'importance que l'on accorde à cette demande.

Plusieurs méthodes sont possibles.

Je commence par une petite anecdote qui, si elle est attendrissante, n'en est pas moins efficace.

Voici un certain nombre d'années, nous étions en vacances en Bretagne. Ce jour-là, notre envie de villégiature nous avait conduits en forêt de Brocéliande. En particulier, nous nous étions rendus sur la tombe de Merlin ou plus précisément sur son cénotaphe érigé à la façon celtique. En observant les touristes, mon fils qui avait alors une dizaine d'années comprit rapidement la méthode. Sans attendre, il se précipita vers sa mère et il lui demanda un papier et un stylo. Il se mit un peu à part. En secret et avec beaucoup de sérieux, il traça quelques lettres sur le bout de papier qu'il plia en quatre avant de le glisser dans un interstice entre les pierres du cénotaphe. Puis il partit jouer en courant entre les arbres. Discrètement j'allai vers le papier, et je lus ce qu'il avait écrit : « SÉGA », avant de replier le papier et de le remettre en place. Le pire, c'est que ça a marché ! À Noël il reçut la console de jeux de ses rêves.

Cette anecdote souriante illustre la mise en œuvre de cette méthode : l'intention, l'acte fondateur et, ici, l'utilisation à la fois des forces telluriques et d'un égrégore.

Dans le même ordre d'idée, le 26 mai 2014, le pape François s'est recueilli devant le mur des Lamentations dans la vieille ville de Jérusalem. Puis, dans les interstices des pierres, il a glissé un message sur lequel était écrit : *«Je suis venu ici pour prier Dieu afin qu'il fasse régner la paix.»*

J'indiquais par ailleurs que les leviers dont nous disposons pour émettre notre demande se situent aux niveaux Émotionnel, Mental et Spirituel. Les anecdotes que je rapporte ci-dessus amènent un complément en suggérant que nous pouvons également utiliser avec profit les particularités les plus porteuses vibratoirement du plan de la Matière.

Mais il n'est pas forcément aisé de se rendre sur un haut lieu tellurique.

La prière

En introduction, je rappelais que, si pendant plusieurs siècles, les spiritualistes n'ont eu à disposition que la prière, le niveau vibratoire actuel qui s'accroît sans cesse nous donne beaucoup plus de liberté, au point que nous pouvons décider par nous-mêmes. Toutefois les techniques anciennes restent valables, notamment celles qui mettent en œuvre la prière.

Exprimée de façon simple, la notion de prière revient à demander quelque chose à quelqu'un. Mais à qui ? Selon notre culture ou notre sensibilité, nous pouvons nous adresser à un certain nombre d'interlocuteurs. Nous pouvons adresser notre prière aux anges, à notre ange gardien en particulier, qui sont situés au cinquième niveau de la Création. Il est également possible de l'adresser aux archanges du sixième niveau, ou même à Dieu au septième niveau. Mais nos guides sont également à notre écoute, sans que l'on sache clairement à quel niveau ils se situent, chacun évoluant au niveau de la Création qui lui convient en fonction de son propre niveau d'évolution. Selon notre sensibilité, on peut également adresser notre prière aux saints.

Les saints et les soins

Je suis longtemps resté formaté par le mode de pensée politiquement correct en vigueur dans notre société, jusqu'à ce que je sois victime d'une sciatique. J'étais cloué au lit, victime de douleurs intenses qu'aucune position ne soulageait. Je me souviens encore de ce soir tardif où, après plusieurs nuits sans sommeil, je finis par m'assoupir un peu malgré la douleur. Après quatre ou cinq heures de repos, je m'éveillai avec une forte envie de me lever. Je m'attendais à devoir affronter encore des douleurs intenses en quittant mon lit, mais il n'en fut rien. Bien sûr je souffrais encore un peu, mais beaucoup moins que lorsque je m'étais endormi. Et j'arrivais à me tenir à peu près droit. Progressivement, durant les quelques jours qui suivirent mon corps douloureux retrouva un comportement fluide alors que le médecin m'avait prévenu que la douleur allait perdurer pendant des semaines.

Dès le lendemain, la guérisseuse que j'avais contactée m'apprit que, en proie à l'insomnie, elle avait prodigué des soins à mon intention durant la nuit. Et le résultat avait été immédiat et spectaculaire !

Ma curiosité insatiable me poussa à lui demander comment elle avait procédé. Bien sûr elle ne trahit pas ses secrets, mais elle me confia que sa pratique était basée sur la prière.

Cette simple révélation éclaira ma lanterne. Je savais que les saints sont souvent (ou toujours ?) patrons de quelque chose : les pompiers célèbrent la Sainte Barbe, les automobilistes adoptent un porte-clés à l'effigie de Saint Christophe, les chasseurs s'en remettent à Saint-Hubert, etc. ...

La relation entre le saint et le métier ou l'activité qu'il protège est liée à un élément biographique ou allégorique en écho à un évènement de son existence ici-bas. Sainte-Barbe subit la torture par le feu parce qu'elle refusait d'abjurer sa foi. C'est pourquoi les combattants du feu se sont placés sous sa protection. Saint Christophe est devenu le patron des voyageurs parce qu'il a aidé le Christ enfant à traverser une rivière. Saint Hubert était tellement passionné par la chasse, qu'il se livra à sa passion un Vendredi saint, ce qui lui valut un rappel véhément du Seigneur.

Dans une démarche analogue, les saints ont été sollicités pour guérir telle ou telle maladie en fonction d'un épisode marquant de leur vie.

Et moi j'imagine les saints du Paradis qui se rendent au bureau tous les jours pour faire leurs huit heures afin d'instruire les demandes que leur adressent les dévots. Je plaisante bien sûr, mais de toute façon la conception qui voudrait que le saint intervienne directement ne tient pas. À cause de Saint Expédit qui n'a jamais eu d'existence terrestre et pourtant l'efficacité de ses interventions dans les cas d'urgence est bien connue.

Ce phénomène s'explique par le fait que ce n'est pas le saint qui intervient sur demande. Par contre, les demandes répétées des dévots ont créé un égrégore, une forme pensée, d'autant plus efficace que le nombre des demandes est important. Une demande exprimée correctement permet de prendre contact avec cet égrégore et de mettre sa puissance au service de la guérison de telle ou telle personne.

Ici également, la puissance de l'intention et la force de la pensée sont les principes fondamentaux qui sous-tendent l'efficacité de ce phénomène.

C'est ainsi que, pour peu que l'on ait une sensibilité particulière avec un égrégore, on peut le solliciter pour la réalisation d'un désir, que ce désir ait un lien avec la santé ou non.

La magie des bougies

Pourquoi la flamme des bougies nous attire-t-elle ? Pourquoi nous fascine-t-elle ?

On constate que face à certains évènements, dans certaines circonstances, le recours aux bougies va de soi et semble incontournable. Je pense aux cierges que l'on allume lors des décès bien sûr, mais également à ceux que l'on allume dans les églises en offrande à un saint ou à Dieu. De nos jours, hélas, nous sommes amenés à allumer des bougies sur les lieux où des actes de barbarie ont été commis ou sur le lieu où s'est produit un accident.

Dans toutes ces circonstances, et probablement dans d'autres cas qui ne me viennent pas à l'esprit, le recours aux bougies est un réflexe qui va de soi. Mais pourquoi ?

Il s'avère que la flamme de la bougie est en lien direct avec le monde astral, elle établit un pont entre notre monde matériel et l'invisible. C'est ce phénomène qui explique que dès qu'un feu est allumé dans une cheminée, tout le monde se réunit autour de ce feu, comme si chacun était attiré par un aimant.

Pour en revenir aux bougies, le lien avec l'astral ne fait aucun doute à mes yeux, et m'amène un point de vigilance. En effet, il existe une autre caractéristique dont il faut tenir compte. À savoir que la flamme de la bougie se programme. Cette expression est commode pour exprimer l'idée que la flamme de la bougie se fait le colporteur de l'intention qu'on lui attribue. Quand on allume une flamme dans une église en offrande à un saint, c'est rarement un acte gratuit. Le plus souvent c'est pour demander la guérison du tonton ou le retour du chéri qui est parti avec une autre.

Pour expliciter ce geste qui est reproduit comme un rituel aveugle par des milliers, des millions de gens tous les jours, l'intention est confiée à la bougie qui la propulse dans l'astral.

À ce stade, j'ajoute un nouveau point de vigilance. Qui se rend dans une église avec une boîte d'allumettes ? Peu de gens. En tous cas je ne le fais pas. Alors, comment faire pour allumer un cierge ? Facile, on en prend un déjà allumé avec lequel on allume le nôtre. Autrement dit on propage dans notre propre cierge l'intention que quelqu'un qui nous a précédés a mise dans son cierge à lui. Et, au lieu de soigner le tonton, on se retrouve à aider quelqu'un à gagner au loto. Et si la personne était mal intentionnée, et si elle a mis une mauvaise intention dans son cierge, on se fait le complice involontaire d'une demande de nuisance. De plus la guérison du tonton se fera attendre. Bien sûr, la solution est d'allumer notre cierge avec une flamme toute neuve que l'on allume en craquant une allumette. Je déconseille le briquet qui, en raison du gaz, n'est pas une flamme très « propre ».

Alors bien sûr il est tentant d'aller au-delà, et je ne m'en prive pas.

Le décorum des églises est très propice et les vibrations que l'on y trouve sont très porteuses, mais cette petite technique peut tout aussi bien être réalisée à la maison.

J'utilise une bougie chauffe-plat, je l'allume avec une allumette que je n'utilise qu'une fois. Puis je programme la flamme avec mon intention : « Je te programme pour la guérison de tonton Marcel ». Puis j'abandonne ma bougie dans un endroit sécurisé. Il ne s'agit pas non plus de risquer de mettre le feu à la maison. Et je vaque à mes occupations. Et je sais que pendant environ quatre heures la bougie va propager ma demande de guérison dans l'astral.

Cette démarche n'est pas anodine. Elle nous responsabilise dans la mesure où notre intention doit être correctement formulée. J'ai coutume d'utiliser la formulation suivante : « Je demande l'intervention de xxx pour la guérison immédiate et complète de yyy». Les lettres xxx représentent le nom du Saint que je souhaite solliciter ou plutôt l'égrégore du Saint en question auquel je fais référence dans le paragraphe des Saints et des soins.

Mais il m'arrive également de ressentir le besoin d'envoyer de l'harmonie à telle ou telle personne. Dans ce cas l'intention est simple à formuler : « Harmonie pour Dudule ».

Les neuvaines

Il est impossible d'aborder ce sujet sans parler des neuvaines. Allumer une bougie une fois dans une intention donnée, c'est bien. Mais répéter l'opération plusieurs fois, c'est bien mieux. Pour illustrer cette idée, il me vient l'analogie d'un outil qu'on déplacerait sur un métal. Au premier passage, le métal est rayé, mais plus l'outil passe et repasse au même endroit et plus le sillon s'approfondit au point de devenir une vraie ornière. En matière de spiritualité il en est de même, plus l'intention est répétée plus elle devient puissante et plus elle a de chances de s'ancrer dans la réalité.

Le principe de la neuvaine repose sur ce phénomène. Mais pourquoi le chiffre 9 ? Et pas 8 ou 11 ? La réponse est probablement liée à la symbolique du chiffre 9 qui représente une fin de cycle. Personnellement le nombre 21 me semble mieux adapté. En effet, le nombre de répétitions est plus important et d'autre part ce nombre repose sur les chiffres 3 et 7. Il permet surtout de tester notre motivation. Il y a fort à parier que l'on pourrait laisser tomber l'affaire bien avant d'arriver au terme des 21 jours, impatients que nous sommes.

Les défunts

Le sujet est beaucoup plus délicat.

Les médiums disent que les défunts apprécient que l'on allume des cierges à leur intention. En confrontant divers témoignages de médiums par exemple celui rapporté par Michaël Newton dans son livre « *Un autre corps pour mon âme* » il apparaît que le « voyage » entre cette vie-ci et la vie dans l'au-delà dure un certain temps dont la moyenne s'établit aux alentours de trois mois. De façon plus aigüe, il apparaît que les premiers jours, les trois premiers en particulier sont les plus délicats. Selon le niveau d'évolution du défunt, cette période peut s'avérer assez chaotique.

C'est la raison pour laquelle le fait d'allumer un cierge à son intention est bienvenu. La programmation de ce cierge peut être réalisée avec une formule de ce type : « Je te programme pour aider xxx à rejoindre son plan ». Et l'idéal est de trouver un moyen de faire brûler ce cierge pendant trois jours. Et même pendant neuf jours (trois fois trois). Ce qui nous ramène à la notion de neuvaine. Les neuvaines pour les défunts ont vocation à les guider dans l'au-delà vers le plan sur lequel ils doivent s'établir.

Tableau de visualisation et méditation

L'avantage d'utiliser un tableau de visualisation comme acte fondateur de la demande d'un désir est que ce tableau est visible et matériel. On peut le voir et le toucher. C'est du concret.

Ainsi en utilisant ce support, il suffit de décider : « C'est aujourd'hui que je le fais ! » On trouve le matériel adéquat, on découpe quelques images, on effectue quelques collages, et le tableau existe. Il se présente alors comme la preuve concrète de notre demande, voire de nos demandes, car il est facile de coller plusieurs images sur un même tableau.

La méditation

Pour rappel, l'exercice consiste à « poster » notre demande dans la mécanique de création, et l'idée de poster cette demande à l'endroit le plus haut possible se comprend intuitivement par le fait que plus on s'élève sur des plans subtils et moins on est sujets aux contingences de la matière et des divers conditionnements.

Dans ce cadre la méditation est un outil de choix pour réaliser un désir.

Je rappelle que dans la Création tout fonctionne dans les deux sens. Ainsi, en état de méditation il est possible de recevoir ou de capter des messages, des informations, des parcelles de Connaissance. Mais il nous est également possible d'émettre des intentions. Pour illustrer cette notion, je cite le témoignage de Phakyab Rinpoché. Dans son livre intitulé « *La méditation m'a sauvé* », il raconte comment, atteint de la gangrène, il consacrait une partie de ses méditations à expérimenter l'état de vacuité et l'autre à la visualisation des tissus, des vaisseaux, des os de son pied en train de se reconstituer. C'est ainsi que la guérison et donc la réalisation de son désir s'est produite.

Utiliser la méditation pour poster un désir requiert de méditer bien sûr. Et même de méditer régulièrement parce que la régularité de cette pratique permet d'amener la conscience sur des plans vibratoires de plus en plus élevés. Poster un désir consiste alors à émettre ce désir sous forme de visualisation, de verbalisation et/ou de ressenti sur le plan subtil que nous avons atteint.

Mais contrairement au tableau de visualisation qui lui est bien matériel, nous sommes ici dans l'éther, c'est pourquoi on peut s'aider de quelques petites techniques qui n'amènent rien de plus au processus si ce n'est qu'elles nous permettent de nous rassurer.

En complément je précise que le niveau vibratoire que nous animons en méditation est différent d'une personne à l'autre. Il dépend du niveau d'évolution de chacun. L'idéal serait que nous puissions tous interagir avec le niveau 7, le niveau le plus élevé. Cependant rares sont ceux qui en ont la possibilité. Mais le fait que nous ne puissions pas atteindre ce niveau pour l'animer n'est pas bloquant. Chacun peut animer la conscience à partir du niveau qui est le sien. La loi de la Création agit partout de la même façon, peu importe finalement le niveau auquel on la met en œuvre. Ce qui compte surtout, c'est l'intention, c'est-à-dire l'état d'esprit qui nous anime lorsque nous demandons quelque chose. En effet il convient de toujours garder présent à l'esprit que la loi du retour s'applique partout de façon implacable. Aussi, lorsque nous émettons une intention pure et positive, nous en recueillerons les bienfaits. À l'inverse, des intentions négatives entraîneront inévitablement des retombées nocives sur nous.

ATTENDRE ACTIVEMENT

Émettre une demande revient à créer une amorce. Parfois cette seule action suffit. Mais tel n'est pas toujours le cas. On peut prendre l'analogie d'un végétal. On ne le plante qu'une seule fois. Ensuite on l'arrose, on le nourrit, on s'en occupe pour l'aider à se développer. De même, on peut considérer que, après avoir semé la graine d'un désir, il faut l'accompagner pour qu'il gagne en force et en vigueur et qu'il grandisse suffisamment pour se réaliser.

Dans une autre approche, comme les énergies sont cumulatives, il convient de renforcer l'énergie initiale par des apports complémentaires d'énergie de façon, en quelque sorte, à créer un égrégore spécifique qui aura pour effet de faire réaliser notre désir. En d'autres termes, maintenant que la demande a été formulée, que dois-je faire pour l'aider à se réaliser ?

Deux axes d'actions sont nécessaires l'un sur le plan matériel l'autre au niveau des énergies.

PLAN MATÉRIEL

Qu'est-ce que je fais pour ? Maintenant on se met au travail pour préparer la venue du désir et pour permettre et faciliter sa réalisation. J'ai longtemps considéré qu'il suffisait d'exprimer une demande et d'attendre que le résultat se matérialise.

Mais il n’en est rien.

Comme expliqué par ailleurs, la Création se répartit en sept niveaux. Une manifestation quelconque dans la vie matérielle résulte initialement d’une intention émise vers le niveau de conscience éternelle, illimitée et non manifestée. Pour se donner tous les moyens d’une réalisation de nos désirs, il va de soi qu’il est plus efficace d’agir aux différents niveaux de la Création. La demande doit être exprimée au niveau le plus haut possible, c’est à dire celui de l’esprit ou de l’âme selon la capacité de chacun, mais il convient également de s’organiser sur le plan de la matière afin de faciliter la manifestation de notre désir. Il convient de faire de la place pour que notre désir se manifeste, parce que si la nature a horreur du vide, il faut savoir que si tout est plein, sans plus d’espace, elle ne fait rien. En d’autres termes, il faut se préparer : faire de la place dans notre vie, faire de la place dans notre lit ... C’est comme lorsqu’on invite quelqu’un à déjeuner à la maison. Les jours précédents on réfléchit au menu que l’on va proposer, puis on va faire les courses. Le jour J, de bon matin, on se met aux fourneaux, puis on dresse le couvert, on agrémente la table avec un peu de décoration, etc. ...

De la même façon, l’attente de la livraison du désir que nous avons exprimé est une attente active.

Les énergies

Les énergies sont cumulatives d’où les neuvaines et les cycles de vingt et un jours ou même de trois mois. L’énergie se cumule jusqu’à basculer d’une phase de probabilité à une phase de réalité. C’est ainsi qu’on adopte une nouvelle habitude.

Cette notion est subtile.

La neuvaine n’a de sens que par le fait qu’elle permet d’entretenir la demande (la prière) pendant neuf jours. Je prends toujours pour image un sillon sur lequel on passe et on repasse tous les jours afin de le creuser chaque jour un peu plus. Le premier passage constitue une éraflure, le neuvième passage laisse un sillon bien marqué ancré dans le sol. Et si l’on continuait pendant vingt et un jours comme je le préconise, on aurait carrément une petite tranchée.

Toutefois cette façon de faire peut sembler contradictoire avec le fait que, lorsque l'on plante un arbre, on ne le plante qu'une seule fois. On ne le replante pas tous les jours pendant neuf jours et encore moins pendant vingt et un. Par contre, après l'avoir planté, il faut en prendre soin, surtout les premiers jours. Il faut l'arroser, le désherber, l'accompagner. En matière de désir, le processus est identique.

On détermine ce que l'on veut, le moment, le lieu, la façon de faire et on « plante » notre désir dans un coin de la Création. Ensuite on accompagne ce désir, surtout au début. Il suffit alors, quelques minutes par jour, de porter notre attention sur la demande que nous avons faite. Il faut nous préparer à sa réalisation, nous mettre en situation pour accueillir ce tour nouveau de la situation que nous avons demandé, nous préparer.

Se préparer

Ensuite il faut du temps : quelques semaines pour faire un pied de tomate, quelques décennies pour un chêne, quelques siècles pour un séquoia. Pendant le temps de la croissance, pas la peine de planter le même arbre plusieurs fois. Par contre il faut en prendre soin. Il faut l'arroser avec nos pensées positives et la certitude que notre demande va aboutir et il faut désherber en supprimant toutes les pensées négatives (le doute et la peur) qui pourraient bloquer sa croissance.

Il faut attendre que l'arbre pousse, mais il s'agit d'une attente active.

Il faut arroser et désherber, c'est-à-dire chasser le doute et la peur de l'échec ou de la réussite, et se préparer à recevoir ce que nous avons demandé : faire de la place dans le garage s'il s'agit d'une voiture, faire de la place dans notre vie s'il s'agit d'un conjoint, mais également se préparer à la nouvelle vie que nous allons mener.

Ce dernier point me renvoie à un lieu commun qui voudrait que, lorsque les conjoints sont malheureux en ménage, ils attendent de trouver quelqu'un d'autre pour quitter leur épouse ou leur mari. Ce plan a toutes les chances d'échouer. Il est bien connu que la Nature a horreur du vide. Comment voulez-vous attirer quelqu'un si la place est déjà prise ?

Et surtout il faut faire confiance. Il s'agit d'une loi de la nature, ça ne peut que marcher.

Je me plais à considérer que la livraison de la commande que nous passons auprès de l'Univers nous est livrée lorsque les contraintes de notre thème et de notre karma le permettent. Un peu comme un camion attendant que la route soit déneigée pour effectuer sa livraison. Cela explique que la matérialisation de notre désir soit parfois différée et que la date de cette livraison ne soit pas prévisible alors que potentiellement elle pourrait être immédiate.

Nos désirs n'ont pour limite que notre imagination. C'est dire si le champ des possibilités est vaste. La réalisation d'un désir peut n'avoir que des conséquences insignifiantes dans notre vie ou au contraire tout bouleverser. Ce qui entraîne la nécessité tout à la fois de faciliter sa manifestation concrète et son intégration dans notre cadre de vie.

Si l'on souhaite trouver un travail bien précis par exemple, la mise en œuvre de la méthode fait qu'une offre correspondant à notre demande va se présenter. Mais il est peu probable qu'on soit embauché. Pour être embauché, il faut avoir préparé toutes les étapes : il faut un CV en béton, il faut être prêt pour passer l'entretien d'embauche, il faut avoir une formation en adéquation avec la fonction convoitée ...

Il en est de même pour la plupart des demandes conséquentes que nous pouvons formuler.

Ainsi, dès que nous avons formulé notre demande, il faut mettre sur pied un plan d'action et réaliser tout le travail nécessaire afin d'être prêt quand la réalisation va se concrétiser dans notre vie.

À ce stade, l'erreur serait d'échafauder des scénarios pour déterminer comment notre désir va se réaliser. Le comment ne nous incombe pas. Nous passons une commande à l'Univers, c'est à lui de se débrouiller pour nous livrer ce que nous avons demandé, et l'expérience montre qu'il est beaucoup plus imaginatif que nous. Il est préférable d'employer notre temps et notre énergie à nous préparer à recevoir cette livraison et à être prêts à l'accueillir le moment venu.

Durant tout ce temps, il convient de ne pas douter. Le doute est une pensée négative qui a un effet contraire à ce que nous souhaitons. Douter revient tout aussi bien à envoyer un message à l'Univers pour lui dire que finalement nous avons changé d'avis et qu'il peut annuler la commande.

Comment faire pour ne pas douter ? La loi de l'attraction, comme toutes les lois de la Nature, s'applique implacablement, sans humeur ni état d'âme. Tout a été fait comme il faut pour la mettre en œuvre, cela ne peut que marcher.

EXPRIMER NOTRE GRATITUDE

C'est un principe de base qui va de soi. Ce n'est pas parce que les guides sont désincarnés qu'il faut se conduire comme des goujats envers eux. Ce n'est pas parce que l'Univers n'est pas personnalisé qu'on peut se passer de le respecter.

La moindre des choses est de remercier l'Univers de prendre en compte notre demande et de le remercier encore plus chaleureusement pour la livraison qu'il a effectuée en relation avec ce que nous lui avons demandé.

De même si nous mettons nos guides à contribution, il est inconcevable de ne pas ressentir de la gratitude et de la reconnaissance pour l'aide qu'ils acceptent de nous octroyer.

LA MÉTHODE

Pour prendre une analogie un peu caricaturale, on peut considérer que la Création se manifeste du haut vers le bas en traversant plusieurs plans. Afin de mieux appréhender ce phénomène, on peut le comparer à une cascade qui s'écoulerait en quatre paliers. Le premier relève du monde Spirituel, le deuxième du Mental, le troisième concerne les Émotions et le dernier, la vallée, concerne le plan de la Matière.

Réaliser un désir revient à agir sur les trois premières parties de la cascade pour obtenir un résultat concernant la quatrième.

En synthèse, la méthode de réalisation des désirs se décompose en plusieurs phases. La première étape nous invite à définir un désir réaliste, atteignable et précis. Et il ne doit pas avoir pour effet d'imposer quoi que ce soit à une autre personne.

La verbalisation de ce désir doit respecter toutes les règles requises et mentionner une émotion. En parallèle, il convient de dresser un tableau de visualisation.

Puis il faut décider du moment. Il peut paraître surprenant que je mette cette étape en exergue, mais le but est de se responsabiliser afin de se préparer à recevoir ce que l'on a demandé. Si je demande à vivre dans la maison de mes rêves par exemple, je dois être prêt à déménager.

Quand tout est prêt, et avant de procéder à l'acte fondateur qui consiste à émettre la demande vers l'Univers, il est important de demander l'autorisation.

L'acte fondateur de la demande peut prendre la forme d'une mention manuscrite sur un papier placé dans un endroit tellurique adapté, d'une prière, de la programmation d'une bougie, il est également possible de confectionner un tableau de visualisation ou d'exprimer notre demande pendant une méditation.

Dans une attitude confiante, il faut à présent réaliser tout ce qui s'avère nécessaire pour se préparer à intégrer dans notre vie ce que nous avons demandé.

Pour finir, il convient d'exprimer notre reconnaissance et notre gratitude.

À ce stade, des précisions sont nécessaires pour expliciter la procédure de réalisation de notre demande, ce que j'appelle l'acte fondateur, mais également son accompagnement dans le temps. Il est possible d'émettre ce désir soit durant une méditation, soit pendant la vie courante, mais, dans ce cas, il est bon d'effectuer cette opération juste après une méditation afin de bénéficier des plus hautes vibrations possible et surtout afin de se passer des pollutions toujours éventuelles de l'ego et de l'intellect.

PENDANT LA MÉDITATION

La méditation commence par une montée en vibrations qui nous amène sur notre plan de connaissance actuel, c'est-à-dire permettant de positionner notre conscience sur le niveau vibratoire le plus élevé possible. Il s'agit du niveau maximal que notre conscience peut atteindre.

À ce stade, après avoir pris toutes les précautions d'usage, c'est-à-dire en étant clairs avec nous-mêmes, en ayant clairement exprimé ce que nous souhaitons et ayant reçu une réponse positive lorsque nous avons demandé l'autorisation ; à ce stade donc, nous pouvons émettre notre demande. Selon la nature de notre projet et selon notre sensibilité propre, plusieurs possibilités s'offrent à nous.

SANS LES GUIDES

La montée en vibrations nous amène sur notre plan de connaissance actuel. Il faut alors visualiser un chemin qui conduit à une clairière au centre de laquelle se trouve un dôme. Nous entrons dans ce dôme qui contient, près de l'entrée, un endroit qui nous est dédié. Ce lieu se présente comme une petite pièce qui contient trois parties, un bureau, un coin destiné à la méditation et enfin un autel. Vous pouvez aménager cet autel selon votre convenance. Ici prend place la première technique. Visualisez une bougie sur cet autel. En allumant la flamme, programmez-là avec votre intention. « Je te programme pour que je trouve du travail maintenant ». Puis vous ajoutez « Je te demande de brûler pendant neuf jours ». Cette façon de procéder représente un avantage non négligeable parce que, en procédant ainsi, la bougie peut brûler en continu pendant plusieurs jours sans craindre de provoquer un incendie.

Une autre façon de procéder consiste à se visualiser en train d'écrire la phrase exprimant notre désir sur un Bristol répondant aux normes du nombre d'or. Puis, toujours en visualisation, nous nous plaçons au centre de notre clairière et accrochons notre Bristol à un ballon qui s'élève dans le ciel. En parallèle, nous nous adressons à l'Univers en lui disant que nous lui confions notre intention afin qu'il la matérialise dans notre vie courante.

Si cette image nous parle plus, il est possible de se visualiser en train de glisser notre Bristol dans une enveloppe adressée à l'Univers. Puis, toujours en visualisation, nous glissons ensuite ce courrier dans une boîte aux lettres en ne doutant pas que l'Univers saura en prendre soin et qu'il permettra à notre demande de se réaliser.

Si ma demande implique une autre personne, je me rends dans le coin méditation de mon espace personnel. Je visualise un énorme bouquet de fleurs qui part immédiatement vers la personne concernée. Je la visualise alors en train de recevoir toutes ces fleurs et j'observe sa réaction.

Selon le cas, et selon l'inspiration, je visualise cette personne dans un faisceau de lumière et en même temps je demande le rétablissement de l'harmonie relationnelle.

Après avoir procédé à l'un de ces petits rituels, je reviens dans mon espace personnel au sein du dôme. Sur le bureau se trouve un registre dans lequel je note ma demande, ceci afin de pouvoir, lors de mes prochaines méditations, revenir lire mes demandes afin de les réactiver.

Avec les guides

La notion de guide mérite un petit débat. Certaines personnes perçoivent spontanément leurs guides. D'autres les pressentent et d'autres enfin ne perçoivent rien du tout. Certains enfin nient leur existence, prétextant dans le meilleur des cas, qu'il s'agit de principes que l'on peut nommer inconscient collectif, égrégores, surmoi ou que sais-je encore. Quant à ceux qui perçoivent la présence des guides, ils ont mille façons de les nommer : anges gardiens, maîtres ascensionnés, gurus, défunts, etc. ... Je dirais que, finalement, peu importe. Chacun agit selon sa sensibilité. Et, personnellement, je trouve plus commode de m'adresser à l'Univers en le personnalisant, c'est pourquoi j'utilise le terme de « guide » en laissant à chacun le soin de placer derrière ce terme la notion qui correspond à son référentiel personnel.

Lorsque je souhaite m'adresser à un guide ou à une assemblée de guides, je leur donne rendez-vous (si je puis me permettre) au centre du dôme. Selon la nature de ma demande, je m'adresse à mon guide personnel, je lui confie mon besoin, je lui demande son avis, je lui demande de m'aider.

Il peut se produire également que le besoin se fasse sentir de s'adresser à une assemblée de guides composée de différents profils, anges, défunts, guides dédiés ... Quand cette assemblée est réunie, il faut alors leur confier le besoin en leur demandant de le relayer dans l'Univers, chacun dans sa sphère d'action, et d'aider à sa réalisation.

Pour finir, si on se sent en affinité avec cette méthode, il est possible, dans le dôme, de réaliser un « coning » tel que le préconise Machaelle Small Wright.

APRÈS LA MÉDITATION

Certaines techniques nécessitent la mise en œuvre d'objets matériels, ce qui exclut de les réaliser pendant la méditation. Par contre, le fait de les mettre en œuvre immédiatement après permet de bénéficier du calme procuré par la méditation avant que le mental ne reprenne toute la place.

J'avoue que la première méthode que je présente ici est directement inspirée de la grille Reiki, mais, alors que la grille se présentait comme la résultante des connaissances en vigueur au moment où elle a été conçue, la technique que je présente intègre les outils à notre disposition actuellement. Cette méthode met en œuvre les niveaux physique, émotionnel, mental et spirituel.

Au niveau physique, il s'agit de construire une petite structure. Dans un premier temps, il faut fabriquer un triskel. Même si on en trouve dans le commerce, sous forme de bijoux le plus souvent, le mieux est de le fabriquer soi-même parce qu'il doit répondre à des critères bien précis. Il ne faut pas perdre de vue que ce que nous voulons, c'est créer de l'harmonie, c'est pourquoi j'ai fait miennes les préconisations de Michel Panazol qui dit que le triskel doit être construit en respectant le nombre d'or. Ou du moins, il s'en accommode : « *J'ai d'abord choisi comme chiffre de référence 1,620 – au lieu de 1,618 – plus facile à tracer pour dessiner les différents modules. Mais les perfectionnistes qui voudront essayer pourront rester avec le 1,618. Ce nombre 1,618 correspond au fameux nombre d'or fréquemment utilisé dans les constructions anciennes* ». Comme, selon son jugement, je me range parmi les perfectionnistes, je préconise de créer un triskel qui s'inscrit dans un cercle de 16,18 centimètres.

Pour son tracé géométrique, je renvoie à son livre qui détaille très clairement comment procéder.

J'ajoute que, lors de son utilisation, ce triskel doit être orienté, la branche Nord du triskel doit être alignée sur la direction Nord de l'endroit où on va installer notre petite structure. La façon de déterminer la branche Nord du triskel est indiquée par Michel Panazol.

Autre point important, le triskel doit être disposé dans le sens dextrogyre, c'est-à-dire qu'il doit être installé de façon à ce que ses branches tournant vers la droite soient orientées vers le haut. Cette face du triskel est de polarité positive et à un effet amplificateur tandis que l'autre face, dont les branches sont lévogyres (tournant à gauche), est de polarité négative et agit en hypo. Cette polarité est bien utile lorsque l'on souhaite calmer un excédent d'énergie, calmer une douleur par exemple. Mais, pour le sujet qui nous occupe, c'est bien la face dextrogyre que nous allons utiliser.

Dernier point, les couleurs sont des vibrations si importantes qu'il serait dommage de s'en priver. J'ai coutume de donner au triskel la couleur en relation avec le désir. Les trois premières couleurs sont en affinité avec la matière. Le rouge et le noir facilitent l'ancrage, la couleur orange, outre ses effets sur la physiologie est en affinité avec les biens matériels, elle est très utile si on souhaite recevoir de l'argent par exemple. Le vert émeraude est la couleur de l'harmonie, et le vert foncé permet de soigner. Le bleu ciel calme. Les deux dernières couleurs sont des couleurs spirituelles. Et, bien sûr, chacune de ces couleurs est en affinité avec le chakra de même vibration.

Comme évoqué par ailleurs, il existe un certain nombre d'EDF (émissions dues aux formes), toutefois, pour le sujet qui nous occupe, je préconise d'utiliser le triskel, en raison de son niveau vibratoire – les triskels que j'utilise vibrent à 140 000 UB au niveau matériel et à 600 000 Unités Bovis au niveau spirituel – mais surtout parce que le triskel génère un vortex en prise directe avec l'astral. On pourrait utiliser une bougie dûment programmée, mais la flamme de la bougie finit par s'éteindre et, lors d'une utilisation prolongée, comme pour une neuvaine, pose des problèmes de sécurité. On ne peut pas quitter la maison, ou aller dormir, en laissant une bougie allumée sur le coin du bureau.

Après avoir installé le triskel, on peut passer à la phase suivante qui consiste à mettre en place les cristaux. C'est la partie la plus onéreuse du dispositif. Selon l'état des finances, on peut se contenter d'une pointe de cristal à disposer au centre du triskel, sinon, si on est un plus fortuné, on peut y adjoindre une pointe de cristal à allonger entre chaque branche du triskel ; les pointes doivent être disposées dans le sens dextrogyre. Le but est de renforcer le vortex, mais également l'intention que l'on va placer dans cette structure. À cet effet, il faut compléter la structure en disposant un cristal de roche de type pierre roulée sur la pointe de chaque branche du triskel. Pour édifier la structure minérale, il faut donc se procurer quatre pointes de cristal, trois couchées et la quatrième dressée au centre ainsi que trois cristaux de roche de type pierre roulée.

J'ajoute que, pour une structure complète, il convient d'adjoindre à notre installation trois pointes de cristal supplémentaires que l'on doit disposer sur les pointes du triskel orientées vers le centre. Le but est de créer une structure dans laquelle les vibrations circulent vivement du cercle d'énergie externe vers la pointe de cristal centrale qui transmet notre intention vers l'astral.

En résumé, selon les moyens dont on dispose, trois options sont possibles : la pointe de cristal centrale qui est incontournable, à laquelle on peut adjoindre les trois pointes et les trois pierres roulées de la périphérie auxquelles ont peut également adjoindre les trois cristaux qui pointent vers le centre.

Bien sûr ces minéraux doivent tous être nettoyés et programmés.

L'étape suivante qui relève encore du travail manuel concerne la matérialisation de l'expression de l'intention. Pour ce faire il faut trouver un papier ou un Bristol blanc sur lequel on note la phrase correctement réfléchie et exprimée qui traduit notre intention. Mais, toujours dans le but de créer de l'harmonie, le bout de papier doit répondre à certaines règles. Son découpage doit être réalisé en respectant le nombre d'or. C'est-à-dire qu'il s'agit d'un rectangle dont le rapport entre la longueur et la largeur donne un résultat de 1,632. Des dimensions de 3,2 centimètres par 1,96 centimètre, ou les multiples de ces nombres selon le besoin.

Après avoir noté la phrase qui exprime notre demande sur le papier ainsi préparé, il suffit de le placer au centre de la structure, sous le cristal dirigé vers le haut, ou juste à côté. Cette précaution relève d'un détail pratique, parce que la structure dans son ensemble et en particulier sa partie minérale génère des courants vibratoires très puissants. Toute modification, le déplacement, même minime, d'un minéral affecte ces courants d'énergie et risquent de créer des fuites vibratoires, ce qui pourrait faire baisser le niveau vibratoire général de la structure. C'est ce qui explique que la grille Reiki est construite dans une boîte dans laquelle les minéraux sont fixés avec de la pâte à fixe. Dans la présente structure qui, je le précise, n'est pas une grille Reïki, cette façon de faire doit être reconduite.

Quand les préparatifs sont terminés au niveau physique, on peut passer aux niveaux émotionnel et mental, qui consistent à informer la structure avec notre intention. Cette action revient à créer une bulle d'énergie que l'on peut qualifier également de forme pensée dans laquelle notre intention est vivifiée, amplifiée et transmise vers les plans subtils. Cette dernière étape intègre également le plan spirituel dans la mesure où il préférable de la réaliser après une méditation de façon à avoir un mental le plus apaisé possible.

Il s'agit maintenant de prendre sur soi l'énergie de l'Univers. On visualise cette énergie qui entre en nous par le coronal sous la forme d'une lumière très vibrante. Il n'est pas interdit de visualiser que cette lumière emplit tout notre être, mais pour ce qui nous occupe, il faut la diriger mentalement vers le creux de nos mains et même, si on le souhaite vers le troisième œil. Cette lumière de l'Univers s'échappe de nous par nos mains (et par notre troisième œil si on le souhaite) orientées vers la structure que l'on vient de préparer. En même temps, on répète mentalement la phrase précédemment écrite sur papier de façon à informer le flux d'énergie de l'Univers qui lui-même alimente la structure qui elle-même amplifie le message et le poste dans les plans subtils de l'Univers. Cette étape dure entre cinq et dix minutes.

À ce stade j'émets un point d'attention. On pourrait supposer que notre travail est terminé et qu'il suffit d'attendre le résultat. Mais la Nature est ainsi faite que l'amplitude du signal ainsi généré s'affaiblit peu à peu. Si on laisse la structure en état et si on effectue des mesures régulières de son niveau vibratoire, on constate une lente diminution au fil des jours. Afin de pallier cet inconvénient, il faut renouveler quotidiennement l'opération de focalisation de l'énergie de l'Univers informée sur la structure ou en tous cas régulièrement.

AUTRES TECHNIQUES

En ce temps-là mon Mercure me faisait des misères, je veux dire qu'il s'agit d'une période durant laquelle je ressentais les effets dissonants de la planète Mercure placée en position peu auspicieuse dans mon thème natal. Afin de contrecarrer ses effets négatifs, j'eus l'idée d'utiliser le minéral en affinité avec cette planète. Pourtant j'avais quelques doutes et je jouai la prudence. Bien m'en prit, parce que quelque temps après, les inconditionnels de Jyotish (l'astrologie de l'Inde) se rendirent compte que le minéral associé à une planète donnée amplifie les effets de cette planète telle qu'elle est positionnée dans le thème. Si la planète est harmonieuse, le minéral amplifie son potentiel positif, mais si la planète est dissonante, l'utilisation du minéral associé génère encore plus de difficultés.

En l'occurrence, j'ai écouté mon intuition, fort heureusement. Je me suis procuré un cristal de roche que j'ai dûment préparé, et je l'ai programmé pour qu'il harmonise les effets de mon Mercure. Puis j'ai imprimé ma carte natale et j'ai positionné ce minéral sur le glyphe de Mercure, en le réactivant périodiquement. La situation s'est améliorée rapidement et ce petit dispositif m'a permis de surfer sur cette vague de dissonance sans en être affecté outre mesure.

Dans le même ordre d'idée, il est possible de soutenir telle ou telle planète, selon notre ressenti ou notre besoin. En matière de finances, par exemple, on peut stimuler Jupiter ou le maître de la maison II. Mais cette action n'a d'effet que sur la personne concernée. Si on veut soutenir les finances du foyer, il est préférable d'utiliser une méthode qui s'inspire du Feng Shui. Le Pa Kua indique que le secteur des finances se situe au fond à gauche par rapport à la porte d'entrée de l'habitation. Il suffit alors d'imprimer le plan du logement et de placer à l'endroit indiqué un minéral dûment préparé. En l'occurrence pour ce sujet précis, il vaut mieux utiliser une citrine plutôt qu'un cristal de roche.

Pour terminer ce paragraphe, je présente une dernière technique inspirée de la géobiologie. Cette spécialité a pour but d'harmoniser les lieux, tous les lieux, les champs, les jardins, mais également les lieux de vie. Une des techniques utilisées pour rétablir l'harmonie consiste à identifier les courants d'énergie subtile qui circulent dans le sol. Comme partout dans la Création, cette énergie se présente parfois de façon harmonieuse et, parfois, est génératrice de perturbations.

L'opération consiste à identifier les courants d'énergie qui circulent dans le sol et surtout à identifier un point d'énergie à partir duquel l'énergie circule vers le terrain ou l'habitation que l'on souhaite traiter. En termes de géobiologie, ce point particulier est constitué par un courant d'eau souterraine ou par un croisement de réseau Hartman. Lorsque ce point est identifié, il suffit de le traiter avec un triskel et un minéral. Mais, la nuance est importante, parce que, au lieu de le traiter sur le terrain comme le font les géobiologues, il est plus facile de réaliser cette opération sur plan, bien au chaud à l'intérieur. Sachant que cette opération n'est pas aisée puisqu'il faut déterminer comment placer le triskel, face dextrogyre vers le sol, de façon à le faire agir en hyper ou face lévogyre vers le sol pour qu'il agisse en hypo.

EXEMPLES

Le travail

À 45 ans, je n'ai pas de boulot stable. Mon thème montre des difficultés dans le secteur professionnel. Que faire pour améliorer ma situation ?

Bien sûr je ne vais pas demander à devenir PDG d'une multinationale. Je commence par décider de ce que je veux : un métier gratifiant et bien payé par exemple. Certes, mais ce n'est pas suffisant. Alors je me visualise durablement dans un bureau agréable, près de chez moi, le sourire aux lèvres, avec des collègues sympas et un chèque correct à la fin du mois.

Quand cette image est suffisamment claire dans mon esprit, je la « poste » dans l'astral.

Puis, tous les jours, je remercie mes guides parce que je sais qu'ils œuvrent dans l'ombre pour que mon désir se réalise concrètement.

Je suis sûr que ça va marcher parce que j'ai tout fait pour respecter les lois de la Nature.

Mais surtout, je ne reste pas à la maison les bras croisés. Je prépare mon CV et ma lettre de motivation et je l'envoie chez tous les employeurs chez qui je souhaiterais travailler. De plus, je me prépare pour l'entretien d'embauche, quitte à puiser dans mes maigres économies pour prendre des cours.

Les trois plumes

L'esprit pragmatique qui me caractérise a souhaité mettre en pratique ce processus de réalisation des désirs. Mais avant de me lancer dans des projets ambitieux, j'ai décidé de demander un petit rien, un objet banal, quelque chose de léger : j'ai visualisé une plume, une plume d'une dizaine de centimètres avec la partie haute gris sombre, et le reste dans des nuances plus claires.

Après avoir réalisé ma demande, de temps en temps, je m'adressais à l'univers, en lui disant mentalement « J'attends », ou « Pour la plume, c'est quand vous voulez » ou bien encore « Et surtout, n'oubliez pas ma plume ! ». Tout cela était extrêmement cocasse. Mais j'étais confiant et j'imaginais ce que j'allais faire de ma plume. Je prévoyais de la ranger précautionneusement, comme une pièce avancée de ce qui allait devenir mon sac-médecine à moi.

À peine deux jours plus tard, dans un supermarché, je me heurte quasiment à un tableau grand public qui avait été placé en de nombreux exemplaires au milieu de l'allée afin que les clients ne puissent pas ne pas le remarquer. L'intention commerciale de provoquer un achat d'impulsion était évidente. Mes yeux étonnés s'écarquillèrent sur un beau tableau représentant trois plumes correspondant à la visualisation que j'avais réalisée. Mentalement toujours, je m'adressai aussitôt à l'Univers : « Vous n'êtes pas sérieux ! Vous voulez que j'affiche trois plumes d'un mètre vingt de haut dans mon salon ? Et vous croyez que ma femme va être d'accord ? Non, ce que je vous ai demandé, c'est une plume d'oiseau, une vraie. Je vous remercie de me la transmettre dès que possible ». Et je passai mon chemin.

Le lendemain, alors que je marchais dans la rue, là, devant moi je ramassai une plume de douze centimètres environ qui correspondait en tous points à celle de ma visualisation, et à celles du tableau. Je la ramassai avec précaution et, fier de mon trophée, je l'emmenai chez moi où je la rangeai soigneusement en adressant des remerciements chaleureux à l'Univers dont l'efficacité me laissait pantois.

Le bâton du pouvoir

Dans le même ordre d'idée, je ne peux pas ne pas mentionner l'histoire de mon bâton de pouvoir.

Un jour, en méditation, mon guide me dit : « Il te faut un bâton de pouvoir ». À cette époque, un bâton de pouvoir je ne savais pas ce que c'était. Il me communiqua toutes les explications nécessaires par télépathie.

Quand j'eus connaissance de tous les éléments, je protestai. « Je veux bien entrer en possession d'un bâton de pouvoir, mais je n'en ai pas l'utilité. Je n'ai pas vocation à devenir un thérapeute ». « Il t'en faut un ! » trancha-t-il.

J'étais bien ennuyé. Où trouver un bâton de pouvoir ? J'eus le réflexe d'explorer Internet, mais ma quête ne fut pas couronnée de succès. Je me résolus alors à en fabriquer un moi-même. Je commençai à faire l'inventaire des éléments nécessaires lorsqu'une idée germa dans mon esprit.

Je visualisai le bâton de pouvoir de mes rêves et je demandai à l'Univers de me le procurer. Puis le temps passa et l'été arriva, et avec lui, vint le moment de prendre quelques jours de repos qui me conduisirent sur le littoral. C'est ainsi que par une journée ensoleillée, un beau jour d'été, je piétinais dans les allées surpeuplées d'un marché à la recherche de fruits de saison et d'une baguette de pain artisanal pas trop cuite. C'est alors que je fus stoppé net, comme un chien d'arrêt, devant l'étal d'un artisan qui vendait des minéraux et … des bâtons de pouvoirs. Et parmi tous les modèles présentés se trouvait celui que j'avais visualisé. Et pourtant je ne l'achetai pas. Parce qu'il s'en trouvait un autre encore plus beau et qui m'attirait beaucoup plus. C'était comme si l'Univers était allé bien au-delà de ce que j'avais pu imaginer. C'est bien sûr ce dernier que j'acquis, comme s'il s'agissait d'un trophée.

ANNEXE

Après avoir détaillé ce que sont le jour et la nuit de Brahma, le « *Manu Samhita* » explicite le processus de création de l'Univers, depuis l'esprit jusqu'à la matière.

« *At the expiry of his day and night, he wakes up from his sleep, and awake, create the mind, which partakes of the nature of both the real and the phenomenal.*

Impelled by (its) desire of creation, the mind (or Mahat) creates (begin the work of creation) and the Akasha (ether) is created therefrom (in the order described before) whose property is sound.

From the modification of the ether is born the pure, mighty air, the carrier of all kinds of smell, and whose property is touch.

From the modification of the air is born the illuminant, gloom-dispelling, effluent light, whose property is sight.

From the modification of light (heat) was born the water, whose property is taste, (and) from the water was born the Earth whose property is smell. This was the creation at the out-set ».

À la fin de son jour et de sa nuit, il (Brahma) se réveille de son sommeil et, ainsi éveillé, il crée l'esprit qui relève à la fois du réel et du phénoménal.

Poussé par (son) désir de création, l'esprit (ou Mahat) crée (commence le travail de création) et ainsi l'Akasha (éther) est créé (dans l'ordre décrit précédemment). Sa propriété est le son.

De la modification de l'éther est né l'air pur et puissant, porteur de toutes sortes d'odeurs et dont la propriété est le toucher.

De la modification de l'air est née la lumière, brillante, dissipant l'obscurité et effluente, sa propriété est la vue.

De la modification de la lumière est née l'eau, dont la propriété est le goût, (et) de l'eau est née la Terre dont la propriété est l'odeur. Telle fut la création initiale.

LISTE DES LIVRES CITÉS

Les changements en cours

ManMatha Nath Dutt, *Manu Samhita – English translation,* H. C. Das, Elysium Press, 1909

Sri Yukteswar Giri, *La science sacrée,* Self Realization Fellowship, 2017

Héléna Blavatsky, *La doctrine secrète,* Éditions Adyar, 1994

Maharishi Mahesh Yogi, *La science de l'être et l'art de vivre,* Robert Laffont, 1976

Paramahansa Yogananda, *Autobiographie d'un yogi,* Self-Realization Fellowship Publishers, 2012

Comment se manifeste la Création

Valéry Sanfo, *Les corps subtils*, De Vecchi, 2008.

Rudolf Steiner, *La science de l'occulte*, trad. de l'all., Paris, Éditions Triade, (1910)

Annie Besant, *L'homme et ses corps*, Éditions Equinoxis, 2013

Pierre Jovanović, *Enquête sur l'*existence des anges gardiens, Le Jardin des livres, 2004

Deb Karpek, *Maître Reïki malgré moi,* Éditions Niando, 2018

Le niveau vibratoire

Patrick Drouot, *Les pouvoirs secrets des cristaux,* Presses du Châtelet, 2012

Michel Panazol, *Triskels, pendule et électroculture*, Le courrier du livre, 2015

Jim PathFinder Ewing, *Reiki et chamanisme*, Éditions Véga, 2017

David R. Hawkings, *The hidden determinants behavior*, Carlsbad, Calif., Hays House, 1995

Daniel Sévigny, *Les clés du secret*, Éditions de Mortagne, 2007

Nita Mocanu, *Manuel de Reïki*, Éditions Niando

Les désirs

Bob Proctor, *Vous êtes né riche,* Macro éditions, 2016
Rhonda Byrnes, *Le secret*, Un monde différent, 2008
Napoléon Hill, *Réfléchissez et devenez riches*, www.bnpublishing.com, 2012
Alexandra David-Neel, *Correspondance avec son mari,* Plon, 2016

Ce qui limite notre action

Machaelle Small Wright, *MAP, Programme co-créatif d'assistance médicale de Perelandra*, Les éditions co-créatives - 2006
Machaelle Small Wright, *Vivre conscient du divin en toute chose*, Éditions co-créatives - 2000

Réaliser un désir

Joseph Murphy, *La puissance de votre subconscient*, Éditions de l'Homme, 2013
Émile Coué, *La méthode Coué: La maîtrise de soi par l'autosuggestion consciente,* CreateSpace Independent Publishing Platform, 2016
Ester et Jerry Hicks, *Demandez et vous recevrez*, Ariane Éditions, 2006
Peter F. Drucker, *The practice of management*, New York, HarpersCollins Publishers, 1954
James Redfield, *La prophétie des Andes,* J'ai lu, 2007
Michaël Newton, *Un autre corps pour mon âme*, Les éditions de l'homme, 2008
Phakyab Rinpoché, *La méditation m'a sauvé*, Éditeur : Cherche Midi, 2014

TABLE DES MATIÈRES

Dépôt légal : avril 2019 - N° imprimeur : 041962968

Imprimé en France par Présence Graphique - Monts